TABLE

DES

EDITS, DECLARATIONS, ARRESTS ET REGLEMENS,

Rendus pendant la ſixiéme Année du Bail de Me. NICOLAS DESBOVES.

Commencée le premier Octobre 1737. & finie le dernier Septembre 1738.

CONCERNANT LES GABELLES DE FRANCE, Lyonnois, Dauphiné, Provence, Languedoc, Rouſſillon, Auvergne, Salines de Moyenvic; Gabelles des Evêchés de Metz, Toul & Verdun; Gabelles & Domaines de Franche-Comté & d'Alſace, & Droits Manuels.

A PARIS,

Chez PIERRE PRAULT, Imprimeur des Fermes & Droits du Roy, Quay de Gêvres, au Paradis.

M. DCC. XLIII.

TABLE
DES
EDITS, DECLARATIONS, ARRESTS ET REGLEMENS,

Rendus pendant la ſixiéme Année du Bail de Me. NICOLAS DESBOVES.

Commencée le premier Octobre 1737. & finie le dernier Septembre 1738.

CONCERNANT LES GABELLES DE FRANCE, Lyonnois, Dauphiné, Provence, Languedoc, Rouſſillon, Auvergne, Salines de Moyenvic; Gabelles des Evêchés de Metz, Toul & Verdun; Gabelles & Domaines de Franche-Comté & d'Alſace, & Droits Manuels.

A PARIS,
Chez PIERRE PRAULT, Imprimeur des Fermes & Droits du Roy, Quay de Gêvres, au Paradis.

M. DCC. XLIII.

TABLE
DES EDITS, DECLARATIONS, ARRESTS ET REGLEMENS,

Rendus pendant la Sixiéme Année du Bail de Me NICOLAS DESBOVES.

Commencée le premier Octobre 1737. & finie le dernier Septembre 1738.

CONCERNANT les Gabelles de France, Lyonnois, Dauphiné, Provence, Languedoc, Roussillon, Auvergne, Salines de Moyenvick, Gabelles des Evêchez de Metz, Toul & Verdun, Gabelles & Domaines de Franche Comté & d'Alsace, Droits manuels, &c.

Du premier Octobre 1737.

* LETTRES Patentes du Roi, *enregistrées en Parlement le 31. Mars 1738.* pour l'exécution du Réglement du même jour, concernant les Manufactures, Marques & Visites des Etoffes de Soye, Or & Argent, & autres Etoffes mêlangées de Soye, Laine, Poil, Fil

& Coton ; ensemble la Police de la Communauté des Maîtres Marchands & Maîtres Ouvriers, travaillant à façon desdites Etoffes, tant dans la Ville & Fauxbourgs de Lyon, que dans les Provinces de Lyonnois, Forest & Beaujollois, *contenant* 208. *articles*, dont le CXLIV. défend aux Collecteurs de l'Impôt du Sel, de saisir ni enlever & vendre les Matieres, Ustenciles & Métiers servant à la Manufacture de Draps de Soye, Or & Argent de ladite Ville & des dix lieuës aux environs, pourvû qu'ils servent actuellement ausdites Fabriques ; & à tous Huissiers de faire lesdites saisies, à peine d'interdiction de leurs Charges, cinq cens livres d'amende, & de tous dépens, dommages, intérêts ; & l'article CCVIII. ordonne que les Registres de toute espece qui seront tenus dans le Bureau établi à Lyon, pour la visite des Etoffes, seront en Papier non timbré, & renouvellés tous les ans.

Du premier Octobre 1737.

* Arrest du Conseil, qui supprime le Droit de Péage prétendu par le Sr. de Sauvan, Marquis d'Aramon, sur les Sels passans sur la Riviere du Rhône, au lieu d'Aramon en Languedoc, avec défenses de percevoir ledit Droit, soit en Sel ou en Argent, à peine contre lui de restitution des sommes qui auroient été exigées, d'une amende arbitraire au profit du Roi, & contre les Fermiers ou Receveurs, d'être poursuivis extraordinairement comme concussionnaires, & punis comme tels, suivant la rigueur des Ordonnances.

Du premier Octobre 1737.

Arrest du Conseil, & Lettres Patentes, *registrées en la Cour des Aydes de Montpellier, le* 19 *Juillet* 1738. qui permettent à l'Adjudicataire des Gabelles de Languedoc de fournir les Chambres de Mende, Marvejols & Langogne de Sel des Salins de Peyriac & Sijean, pour servir à l'usage & consommation des Habitans du pays de Gevaudan, & de leurs Bestiaux seulement ; deffendent aux Muletiers qui le chargeront à Montpellier pour le voiturer ausdites Chambres, d'en vendre sur la route, à peine de confiscation de leurs Chevaux, Bœufs, Mulets & Charettes, & autres peines portées par l'article XXIV. de la Déclaration du 3. Mars 1711. Deffendent pareillement aux Habitans du Bas-Languedoc & pays voisins, autres que ceux du Gevaudan, d'user dudit Sel de Sijean & Peyriac, à peine contre les contrevenans d'être punis comme Faux-Sauniers, & condamnez aux peines énoncées dans ladite Déclaration du 3. Mars 1711.

Du premier Octobre 1737.

* Arrest du Conseil, qui supprime le Droit de Péage par terre, prétendu par le Sr. Sauvan Daramon, sur les Sels passans au lieu de Comps en Languedoc, lui fait très-expresses inhibitions & deffenses de percevoir à l'avenir audit lieu, pour raison dudit Péage, aucun Droit par terre, ou par eau sur les Rivieres du Rhône, ou du Gardon, à peine contre ledit Sr. Sauvan de restitution des sommes qui auroient été exigées, & d'une amende arbitraire au profit du Roi, & contre les Fermiers ou Receveurs, d'être poursuivis extraordinairement comme concussionnaires.

Du premier Octobre 1737.

* Arrest du Conseil, qui maintient le sieur de Portes en qualité d'Engagiste dans la joüissance du Droit de Péage par eau, sur la Riviere du Rhône, appellé Vingtain de Villeneuve-la-Balme, pour être perçû au Port dudit lieu, Généralité de Dauphiné, avec deffenses de percevoir ledit Droit sur les Sels, Bleds, Grains, Farines & Légumes, verds ou secs, Salines ou Bateaux chargez desdites Denrées & Marchandises, &c.

Du 15. Octobre 1737.

Arrest du Conseil, qui commet le Sr. de Lesseville, Intendant & Commissaire départi en la Généralité de Tours, pour instruire & juger souverainement & en dernier ressort le procès aux nommés François Sonner, dit Tamponne, & Maillard, de la Paroiſſe de S. Germain-le-Foüilloux, arrêtez pour crime de Faux-ſaunage, ainſi qu'aux auteurs & complices des faits mentionnés au procès verbal des Employez des Fermes au Poſte du Change, du 11. Mars 1737. circonſtances & dépendances, ſuivant & conformément à l'Arreſt du 2. Juillet précédent; ordonne que les charges, informations, & autres procédures, ſi aucunes ont été faites en quelque Juriſdiction que ce ſoit, ſeront inceſſamment remiſes au Greffe de la Commiſſion.

Du 15. Octobre 1737.

Arreſt du Conſeil, qui reçoit les Syndics, Habitans & Communauté de Sommervieux, oppoſans à celui du 30. Avril précédent, par lequel le ſieur Jean Noël Foliot, Grenetier au Grenier à Sel de Bayeux, a été déchargé de la nomination faite de ſa perſonne le 2. Novembre 1732. pour gerer & adminiſtrer les biens du Tréſor de la Paroiſſe de Sommervieux, & déclare ledit ſieur Foliot non-recevable dans ſa demande en exemption de la geſtion des biens & revenus du Tréſor de ladite Paroiſſe.

Du 20. Octobre 1737.

Arreſt du Conſeil, qui rectifie deux erreurs gliſſées dans l'Etat général, arrêté en icelui le 14. Septembre 1728. des Effets reſtans dans les Greniers, Dépôts & Bureaux des Fermes appartenans au Roi, comme provenans de la régie faite deſdites Fermes, ſous le nom de Charles Cordier, leſquels ont été remis à Pierre Carlier par Louis Bourgeois, ſubrogé audit Cordier, & en conſéquence ordonne que ledit Carlier, Adjudicataire des Fermes générales du Bail, commencé au premier Octobre 1726. remettra au Tréſor Royal la ſomme de deux cens treize mille huit cens quatre-vingt ſept livres, quinze ſols, un denier, pour la valeur des Sacs de la Saquerie de Nantes, & Effets laiſſez dans les Bureaux du Domaine d'Occident en Canada, au moyen de quoi ledit Carlier demeurera déchargé de la ſomme de cent huit mille quinze livres onze ſols, à laquelle montent les Effets de la Saquerie de Nantes, obmis en l'Etat arrêté le 14. Septembre 1728. & de celle de cent cinq mille huit cens soixante & onze livres dix-neuf sols un denier, pareillement obmise audit Etat général sur les Effets du Canada.

Du 29. Octobre 1737.

* Arrest du Conseil, & Lettres Patentes, *enregistrées au Parlement de Dijon le 5. Décembre suivant*, qui déclarent celui du cinq Février 1726. & les Lettres Patentes expédiées en conséquence le 14. Mars de la même année, portant réglement pour la distribution du Sel aux Habitans de plusieurs Paroisses privilégiées du ressort des Greniers de Langres, Montsaugeon, Joinville, Sainte-Menehould, Aubenton, & d'Issurtille, communs avec les Habitans de celle de Savigny en Revermont, & du Hameau du Verney, du ressort du Grenier à Sel de Loüans, où ils levent leur Sel à raison de sept livres le Minot, avec les quatre sols pour liv. & droits manuels; de celles de la Perriere, Foucherans, Saint-Seine en Bache, Flagey, S. Symphorien & Samercy, du ressort du Grenier à Sel d'Auxonne, où ils levent leur Sel au meme prix; d'Argillieres, du ressort du Grenier de Saux-le-Duc & Issurtille, où ils levent leur Sel à raison de vingt livres le Minot, avec les quatre sols pour livre & les Droits manuels; de Meuvy, Bassoncourt, Mercy, Poinçon & Fouvent, du ressort du même Grenier de Saux-le-Duc & Issurtille, où lesdits Habitans levent leur Sel à raison de dix livres le Minot, avec les quatre sols pour livre & les Droits manuels; de Chaume & Talmay, du ressort du Grenier de Mirbeau, où les Habitans desdites deux Paroisses levent leur Sel à raison de sept livres le Minot, avec les quatre sols pour livre & les Droits manuels; & ordonnent que lesdits Arrest & Lettres Patentes de 1726. seront exécutés dans les Paroisses ci-dessus énoncées, comme si elles y étoient comprises & dénommées.

Du 5. Novembre 1737.

* Arrest du Conseil, qui décharge Armand Pillavoine, cidevant Adjudicataire des Fermes générales unies, de toutes assignations & autres poursuites faites ou à faire pour raison de

l'exploitation de ſon Bail, & ordonne que ſes Cautions, ainſi que Pierre Vaquier qui lui a été ſubrogé, ne pourront être aſſignés qu'en leur domicile à Paris, ni traduits ailleurs qu'en la Cour des Aydes pour le même fait, ſans que les Receveurs & autres Redevables contre leſquels il ſera décerné des contraintes pour raiſon de leurs débets, y puiſſent former oppoſition ni ſe pourvoir ailleurs qu'en ladite Cour, à peine de nullité, caſſation de procedures, cinq cens livres d'amende, & de tous dépens, dommages & intérêts.

Du 12. *Novembre* 1737.

Arreſt du Conſeil, qui commet M. le Nain, Intendant & Commiſſaire départi en la Généralité de Poitiers, pour inſtruire & juger ſouverainement & en dernier reſſort le procès aux nommés Louis Deſchamps, François Bonnet, & Hyacinthe Guignault, & à la nommée Louiſe Charon, femme d'Ambroiſe Delhumeau, trouvez meſurant & chargeant du Sel nuitamment au Fauxbourg de la Tranchée de la Ville de Poitiers, ainſi qu'aux Complices, Participes ou Adherans, tant du crime de Faux-ſaunage, que des voies de fait mentionnées au Procès verbal des Employez des Fermes du 2. dudit mois de Novembre, circonſtances & dépendances.

Du 17. *Novembre* 1737.

Réſultat du Conſeil, portant Bail des Fermes générales unies, & de celle du Tabac ſous le nom de Me Jacques Forceville, pour ſix années, à compter du premier Octobre 1738. pour les grandes & petites Gabelles, cinq groſſes Fermes, Droits ſur les Huiles & Savons & Droits y joints, & du Privilege de la vente excluſive du Tabac, & du premier Janvier 1739. pour les Domaines de France, Contrôle des Actes, petits Scels, Inſinuations, centiéme Denier, Greffes, Amortiſſemens, Francs-Fiefs, nouveaux Acquets & Droits y joints, & du Domaine d'Occident en France, le tout aux prix, charges, clauſes & conditions y portées.

Du 26. Novembre 1737.

Arrest du Conseil, qui permet au Prévôt Général de la Maréchaussée de Caën, & en cas d'absence, à son Lieutenant à la résidence de Caën, de se transporter avec l'Assesseur sur les lieux où les Employez des Fermes ont été attaquez par des Dragons du Régiment d'Harcourt, en quartier à Ducé, qui ont maltraité & menacé de les écharper & couper par morceaux, s'ils ne leur rendoient la nommée Anne Foucher, arrêtée avec huit Chevaux chargez de faux Sel, qu'ils ont spoliez, même dans les Villes plus proches ou plus convenables, quoique hors du ressort de ladite Maréchaussée, pour procéder aux informations, récolemens & confrontations des Témoins aux accusez, & autres procédures & instructions, & autorise ledit Prévôt Général, & en cas d'absence, sondit Lieutenant, de se servir tant des Cavaliers de ladite Maréchaussée que de ceux des Maréchaussées voisines, pour donner les assignations aux Témoins demeurans hors ledit ressort, pour déposer & être récollez & confrontez aux accusez.

Du 3. Décembre 1737.

Arrest du Conseil, qui en casse deux, de la Cour des Comptes, Aydes, & Finances de Dole, des premier & 5. Juin 1737. pour avoir reçû le nommé Michel Tellier, Appellant, de la permission d'informer contre lui par le Président de la Jurisdiction des Gabelles de Dole, pour raison des concussions & exactions commises par des Particuliers chargez de la vente du Sel Roziere dans le Comté de Bourgogne, & tout ce qui s'en est ensuivi; deffend audit Tellier, & autres accusés des faits mentionnés dans l'Arrest du 12. Février précédent, par lequel M. l'Intendant a été commis pour connoître desdites concussions & exactions, circonstances & dépendances, de se pourvoir ailleurs que pardevant ledit Sr. Commissaire-Intendant, à peine de nullité, cassation des procédures, & de tous dépens, dommages & intérêts.

Du 3. Décembre 1737.

* Arrest du Conseil, qui ordonne l'exécution des Articles XXXV. XXXVI. & XXXVII. du titre commun pour toutes les Fermes de l'Ordonnance du mois de Juillet 1681. en conséquence casse & annulle la procedure faite à la Requête du Procureur du Roi du Châtelet de Paris, ensemble le decret de prise de corps décerné par le Lieutenant Criminel dudit Châtelet, tant contre François Saclet, qu'autres commis aux entrées de Paris, & tout ce qui s'en est ensuivi; fait deffenses audit Procureur du Roi de faire aucunes poursuites; & audit Lieutenant Criminel de rendre de pareils decrets, ni de connoître des affaires concernant les Fermes du Roi, sauf aux parties à se pourvoir pardevant les Officiers de l'Election, & par appel en la Cour des Aydes, & ordonne que ledit Saclet sera élargi & mis hors des prisons du grand Châtelet de Paris.

Du 4. Décembre 1737.

* Arrest de la Cour des Aydes, qui donne acte à Nicolas Desboves, adjudicataire des Fermes générales unies, de ses offres de donner au sieur Desmazets, Ecuyer, Seigneur de Saillac, une décharge du cautionnement par lui fourni pour le sieur Poirsin, Directeur des Fermes, aux charges des apostilles du compte dudit sieur Poirsin, & de l'état final d'icelui, & sur le surplus des demandes dudit sieur de Saillac, tendantes à ce que les biens affectez au cautionnement soient déchargez de tout hipotheque, &c. met les parties hors de Cour sans dépens.

Du 13. Décembre 1737.

* Sentence de la Jurisdiction de l'Hôtel de Ville de Paris, qui enjoint à Pierre Salmon, Entrepreneur du Remontage des Sels, Edme & Jean Laconge freres, & Jean Descoins, Marchands Voituriers par eau, Pierre du Four, & Guillaume Meignen, de faire remonter dans le jour à Corbeil, les Bateaux vuidanges qu'ils ont dans le Bras du Martinet & du Moulin à tan,

tan, aux Carrieres à Charenton, ou de les descendre à l'Isle des Cignes, sinon & faute de ce faire, que ceux en état seront descendus à ladite Isle, & ceux qui sont en fond d'eau, seront déchirés sur les lieux, aux frais & dépens des voituriers, &c.

Du 17. Décembre 1737.

Arrest du Conseil, qui évoque & renvoye pardevant Mr. l'Intendant d'Orleans les procédures commencées par les Officiers du Grenier à Sel de Beaugency, contre René le Moine, & René Thevenin, chargés de la voiture des Sels pour les Greniers de Beaugency & de Brou, à l'occasion d'un vol de Sel fait sur les Batteaux desdits le Moine & Thevenin, pour être le tout jugé par ledit Sr. Intendant, souverainement & en dernier ressort, en appellant avec lui le nombre de Graduez requis par l'Ordonnance, à l'effet de quoi ordonne que les charges, informations & autres procédures faites par les Officiers dudit Grenier de Beaugency, seront envoyées au Greffe de la Commission.

Du 24. Décembre 1737.

Arrest du Conseil, qui déboute les Sieurs Chaillet & Associés, Entrepreneurs d'une nouvelle Saline près Lons-le-Saulnier, de leur opposition à celui du 4. Juin précédent, par lequel il est ordonné que la formation annuelle des Sels de ladite Saline ne pourra exceder la quantité de douze mille charges de Sel en pains, sans qu'ils en puissent disposer qu'en faveur des Adjudicataires des Fermes, conformément à l'Article XV. des Lettres Patentes du 2. Juin 1732.

Du 30. Décembre 1737.

Arrest du Conseil, qui interdit le Sr. Gendre, Président au Grenier à Sel de Buzançois, des fonctions de son Office, pour s'y être comporté d'une maniere répréhensible.

Du 7. Janvier 1738.

* Déclaration du Roi, qui ordonne que le doublement des Droits de Domaine & Barrage & Poids-le-Roy de Paris, & Droit d'augmentation ou rehaussement du Sel qui se consomme & distribuë dans l'intérieur de la Province de Franche-Comté; les Droits de Courtiers-Jaugeurs, Inspecteurs aux Boucheries & aux Boissons & deux sols pour livre d'iceux, & les Droits manuels sur les Sels, continueront d'être levés & perçus jusqu'au dernier Septembre 1744. ensemble les anciens & nouveaux deux sols pour livre de ceux des Droits des Fermes qui y sont sujets jusqu'audit jour, pour les parties desdites Fermes, dont l'année finit audit jour, & jusqu'au dernier Décembre de ladite année, pour la Ferme des Domaines, Controlle des Actes des Notaires & sous signatures privées, Petits sceaux, Insinuations, Centiéme denier, Greffes, Formules dans les Provinces où les Aydes n'ont point cours & autres Droits joints à la Ferme des Domaines; ensemble les deux ou quatre sols pour livre de ceux desdits Droits qui y sont sujets, le tout conformément aux Edits & Déclarations, qui ont établi & prorogé tous lesdits Droits; proroge aussi la levée & perception des Droits reservés dans les Cours, Chancelleries, Présidiaux, Bailliages & autres Siéges & Jurisdictions, jusqu'audit jour dernier Décembre 1744. à l'exception de ceux éteints & supprimés par la Déclaration du 3. Aoust 1732. & à la réduction aux trois quarts ou moitié, & aux conditions y portées.

Registrée aux Parlement, Chambre des Comptes & Cour des Aydes de Paris, les 14. & 30. Janvier, & 12. Mars 1738.

Au Parlement de Toulouse le premier Avril, à celui de Grenoble le 27. Mars, à celui de Bordeaux le , à celui de Dijon le 26. Mars, à celui de Rouen le , à celui d'Aix le à celui de Pau le 27. Mars, à celui de Rennes le 24. Mars, à celui de Metz le 13. Mars, à celui de Besançon le 20. Mars, à celui de Flandres le 14. Mars, à la Chambre des Comptes de Grenoble le , à la Cour des Aydes de Rouen les 13. & 14. Mars, à celle d'Aix le 23. Avril, à celle de Dole le 10. Mars, à celle de Montpellier le 22. Mars, à celle de Bordeaux le

22. Mars, à celle de Clermont Ferrand le ; à celle de Montauban le , au Conseil Supérieur de Colmar le 14. Mars, & à celui de Roussillon le 15. Mars 1738.

Du 14. Janvier 1738.

Arrest du Conseil, portant qu'il sera fait mention sur la minute du compte rendu par Pierre Carlier, Adjudicataire des Fermes générales unies, le 15. Octobre dernier, de la recette & dépense faites pendant les six années de son Bail, commencé le premier Octobre 1726. & fini le dernier Septembre 1732. du produit des cinq sols par minot de Sel, dont la levée a été ordonnée par Arrests du Conseil des 5. Juillet 1723. & 14. Août 1725. pour les réparations du Canal des Losnes en Provence, & pour l'ouverture du Grau d'Aiguemorte, & de pareils cinq sols par minot de Sel, ordonné pareillement être perçûs par autre Arrest du 24. Septembre 1726. pour le rétablissement des chemins de Toulouze à S. Sulpice de la Pointe, du remboursement fait audit Carlier de la somme de quarante-deux mille trois cens dix-neuf livres dix sols neuf deniers, dont il étoit en avance par ledit compte.

Du 14. Janvier 1738.

Arrest du Conseil, portant que par M. de Creil, Intendant de la Généralité de Metz, il sera procedé pour & au nom du Roi, à l'acquisition de plusieurs Maisons adossées à la Saline de Moyenvic, suivant l'estimation faite à sept mille cinq cens livres, par Procès-verbal des Experts nommez à cet effet, du 8. Novembre 1737. du prix de laquelle acquisition chacun des Proprietaires desdites Maisons sera payé sur les ordonnances dudit sieur Intendant, par Nicolas Desboves Adjudicataire des Fermes générales unies, auquel il en sera tenu compte sur le prix de son Bail, en rapportant l'expédition ou copie collationnée dudit Arrest, les Contrats, Quittances de l'acquisition desdites Maisons, & les ordonnances dudit sieur Intendant; ordonne en outre que les Proprietaires desdites Maisons seront tenus de les démolir à leurs frais, dans le délai qui leur sera fixé par ledit ſieur Intendant, & de rendre la place nette ſuivant les alignemens, au moyen de quoi ils diſpoſeront à leur profit de tous les materiaux provenans deſdites démolitions.

Du 21. Janvier 1738.

Arreſt du Conſeil, qui nomme Meſſieurs Fagon, Conſeiller d'Eſtat ordinaire & au Conſeil Royal, Intendant des Finances, de Baudry, de la Houſſaye, Trudaine & Orry de Fulvy, Conſeillers d'Eſtat, Intendans des Finances, pour en leur préſence, au nombre de trois au moins, être procedé aux publications & adjudications des Sous-Fermes des Droits qui font partie de ceux adjugez à Jacques Forceville & à ſes cautions, par réſultat du Conſeil du 17. Novembre 1737.

Du 21. Janvier 1738.

Arreſt du Conſeil, qui évoque & renvoye pardevant M. de Fontanieu, Intendant de la Province de Dauphiné, la demande formée au Parlement de Grenoble, par le ſieur Planta, Contrôleur Général des Gabelles en Dauphiné, contre le ſieur Charles-Antoine Rey, nouvellement pourvû d'un pareil Office dans la même Province, à l'occaſion des Baronnies du Dijois que chacun prétend être de l'arrondiſſement ou reſſort de ſa Juriſdiction, pour être par ledit ſieur Intendant dreſſé Procès-verbal deſdites demandes, prétentions & conteſtations reſpectives des Parties, & être enſuite fait droit, tant ſur ledit Procès-verbal, que ſur l'avis dudit ſieur Intendant, &c.

Du 23. Janvier 1738.

Sentence en la Juriſdiction des Gabelles de Troyes, qui confiſque des chairs ſalées ſaiſies chez le nommé Chaperon, Huiſſier, faute d'avoir juſtifié de la levée du Sel pour groſſe ſalaiſon.

Du 28. Janvier 1738.

* Arrest du Conseil, qui sans avoir égard aux représentations faites par la Dame de Fay, Marquise de Peraud, contre l'Arrest du Conseil du 9. Aoust 1735. qui la maintient dans le Droit de percevoir dix sols par Bateau chargé de Sel, montant la Riviere du Rhone; ordonne que ledit Arrest sera exécuté selon sa forme & teneur, avec défenses de percevoir à l'avenir audit lieu de Peraud ni ailleurs, pour raison dudit Péage, d'autres ni plus grands Droits que ceux compris audit Arrest, sur les Bateaux chargés de Sel, ni aucuns Droits sur les autres Marchandises & Denrées, passant par ladite Riviere du Rhône devant ledit lieu de Peraud, &c.

Du 28. Janvier 1738.

* Arrest du Conseil, qui ordonne l'exécution de celui du 10. Juillet 1731. & fait itératives défenses aux Syndic & Religieux Cordeliers de la Ville de Libourne, de percevoir aucun Droit de Péage, soit en Sel ou en Argent, sur les Barques & Bateaux arrivant, & qui seront déchargés au Port de ladite Ville de Libourne, Géneralité de Bordeaux, à peine contre eux de restitution des sommes qui auroient été exigées; d'une amende Arbitraire au profit du Roy, & contre leurs Fermiers ou Receveurs, d'être poursuivis extraordinairement comme Concussionnaires.

Du 4. Février 1738.

Arrest du Conseil, qui commet le Sr. de Lesseville, Intendant de la Géneralité de Tours, pour instruire & juger le Procès, aux nommés Sonnet, dit Tamponne, Maillard & autres leurs Complices Fauxsauniers, coupables de la rebellion faite aux Employés des Fermes le 17. Avril 1737. & mentionnée au Procès-verbal desdits Employés du même jour, conformément aux Arrests des 2. Juillet & 15. Octobre 1737. qui commettent ledit Sr. Intendant, pour juger le Procès desdits Sonnet, dit Tamponne, Maillard & autres leurs Complices de Fauxsaunage, & autres Crimes mentionnés dans les Procès-verbaux des 11. Mars & 28. Avril précedens.

Du 4. Février 1738.

Arrest du Conseil, qui commet le Sr. de Lesseville, Intendant de la Géneralité de Tours, pour instruire & juger le Procès, au nommé Bertrand Dessans, Capitaine de la Brigade des Fermes, établie à la Pointe en Anjou; ensemble aux Fauteurs, Participes & Adhérans, du partage fait entre eux de plusieurs petits Bateaux chargés de Faux-Sel, & avoir favorisé le passage & évasion de celui laissé à une bande de Fauxsauniers.

Du 4. Février 1738.

* Arrest du Conseil & Lettres Patentes, qui permettent aux Commis & Employés des Fermes de Lorraine & de Bar, de poursuivre les Contrebandiers, Faux-Sauniers & autres Fraudeurs, qui se réfugieront sur les Terres de France enclavées ou limitrophes des Estats de Lorraine & Barois; & en cas d'avis, y faire toutes recherches & perquisitions, attaquer, poursuivre & arrêter lesdits Contrebandiers, Faux-Sauniers & Fraudeurs, par tout où ils les trouveront, & en quelqu'endroit qu'ils se retirent, saisir leurs effets & Marchandises, Chevaux, Harnois & Equipages & toutes autres choses à eux appartenant; comme aussi poursuivre les condamnations & confiscations, soit devant les Juges de Lorraine & Barois, soit devant ceux de France, ainsi qu'ils aviseront; à l'effet dequoi, tous Geolliers & Concierges des Prisons, seront tenus de recevoir les Prisonniers que lesdits Employés y constituëront, desquels ils demeureront chargés & responsables, avec injonction à tous Juges à qui la connoissance des Droits des Fermes appartient, tant en premiere instance, que par appel, d'admettre, reconnoitre, proceder & juger sur les Procès-verbaux faits & dressés par les Commis, Gardes & Employés des Fermes de Lorraine & Barrois, ainsi & de même qu'ils pourroient proceder & juger sur ceux faits & dressés par les Commis, Gardes & Employés de France.

Regiſtrées à la Cour des Aydes de Paris le 25. Février 1738. au Parlement de Metz le 24. & à la Cour des Comptes, Aydes, Domaines & Finances de Dole, le 27. deſdits mois & an.

Du 11. Février 1738.

Arreſt du Conſeil, qui interdit le Sr. Faucon des Rochers, Préſident au Grenier à Sel de Falaiſe, des fonctions de ſon Office, tant pour s'y être comporté d'une maniere repréhenſible, qu'à cauſe de ſon grand âge, ne pouvant plus lire ni écrire pour ſigner les Jugemens qu'il prononce.

Du 11. Février 1738.

* Arreſt du Conſeil, qui proroge en faveur des Habitans de la Ville, & des dix-neuf Communautés, qui compoſent le Bailliage de Briançon, la fixation du prix du Sel à quinze livres le Minot, dans le Grenier de ladite Ville de Briançon, & dans celui de Villevieille pendant les ſix années du Bail des Fermes générales unies, à commencer du premier Octobre 1738. & défend à ceux deſdits Habitans qui auront levé du Sel ſur ledit pied, de le faire repaſſer ni vendre dans les Communautés voiſines.

Du 25. Février 1738.

* Arreſt du Conſeil, qui attribuë aux Srs. Intendans ou Commiſſaires départis dans les Provinces & Géneralités d'Alſace & de Metz, les conteſtations qui ſurviendront à l'occaſion de la fourniture, vente & débit des Sels, entre les Traitans, leurs Sous-Traitans & Débitans, & l'Adjudicataire des Fermes génerales, ſes Commis ou Prépoſés, au ſujet des verſemens qui ſe peuvent faire deſdits Sels, ſur les lieux ſujets à la Gabelle dans leſdites Provinces; & renvoye auſſi auſdits Srs. Intendans, le Jugement des conteſtations qui pourront naître entre ledit Adjudicataire & le Traitant de la vente des Sels, au ſujet du débit des Sels dans les lieux non compris en ſon Traité.

Du 11. *Mars* 1738.

Arrest du Conseil, qui évoque les Instances pendantes en la Cour des Aydes de Rouen, sur l'appel qui y a été interjetté, par les nommés Varin, Ferret, Choulan & la Caille, Habitans du Bourg d'Yvetot, de deux Sentences des Officiers du Grenier à Sel de Caudebec du 23. Février 1737. par lesquelles en confisquant sur eux différentes Salaisons, ils ont été condamnés chacun en trois cens livres d'amende & aux dépens; & la Veuve Constant Regratiere en vingt livres d'amende, avec défenses aux Parties de se pourvoir pour raison de ce, ailleurs qu'au Conseil, à peine de nullité, cassation de procedures & de tous dépens, dommages intérêts.

Du 11. *Mars* 1738.

* Sentence de la Jurisdiction de l'Hôtel de Ville de Paris, qui condamne le nommé Vollant Pâtissier, grande Ruë du Fauxbourg St. Antoine en cinquante livres d'amende, pour avoir insulté les Officiers Mesureurs de Sel, lors de leur visite chez lui, & s'y être trouvé un demi Boisseau & un Litron non marqués ni étalonnés.

Du 14. *Mars* 1738.

* Arrest de la Cour des Comptes, Aydes & Finances de Provence, qui entr'autres dispositions autorise les Capitaines géneraux des Fermes, à faire des visites dans les Maisons des Ecclésiastiques, Nobles & autres Maisons qualifiées & privilégiées, sans être obligés de s'y faire autoriser par les Juges des Fermes.

Du 18. *Mars* 1738.

* Déclaration du Roi, *registrée à la Cour des Aydes le 29. Mars* 1738. renduë à l'occasion des Commis employez par les Trésoriers Généraux de l'Extraordinaire des Guerres, par laquelle en interprétant l'Edit du mois d'Août 1669. concernant le

le Privilege du Roi sur les biens de ses Fermiers & autres comptables, déclare avoir entendu comprendre dans le Privilege qu'il s'est réservé pour ses deniers, non-seulement tous les Offices comptables en titre, mais encore tous ceux qui en auroient le maniement à quelque titre que ce soit, & que ceux des Officiers comptables, qui par l'étenduë des fonctions de leurs Charges sont obligez d'avoir des Commis dans les Provinces, ausquels ils confient les deniers Royaux, ayent sur les biens de leurs Commis pour le recouvrement des deniers qu'ils leur auront confié le même privilege, droits & actions que le Roi s'est réservé sur lesdits Comptables par ledit Edit de 1669. voulant qu'ils puissent les exercer sur les biens meubles & immeubles de leursdits Commis, ainsi & de la même maniere qu'il est établi par toutes les dispositions dudit Edit, comme étant lesdits Comptables subrogez au Roi dans le maniement de ses deniers, & qu'en cas de contestations elles soient jugées conformément audit Edit de 1669.

Du 18. Mars 1738.

Arrest du Conseil, qui permet aux Entrepreneurs des Voitures des Sels, de faire faire pendant l'année 1738. les mêmes ouvertures que celles faites les précedentes, aux Ecluses du Pertuis de Bailly, pour faciliter le montage des Bateaux chargés de Sel.

Du 25. Mars 1738.

Arrest du Conseil, qui accorde au sieur Langlois, Avocat au Parlement, & premier Sécretaire de Mr. le Chancelier, la survivance de la place d'Avocat de la Ferme génerale aux mêmes Honoraires, rétributions & gratifications, dont joüit actuellement le sieur Freteau en ladite qualité, sans néanmoins que ledit sieur Langlois puisse prétendre aucuns Honoraires ou autres émolumens, tant que le sieur Freteau remplira ladite place, quand il exerceroit lesdites fonctions en son absence, ou pour autres empêchemens.

Du premier Avril 1738.

Arrest du Conseil, qui commet le Sr. Viard de Pimel, pour au lieu & place du feu Sr. Maclot, Commissaire député pour la Réformation des Bois affectés aux Salines de Salins, proceder à l'exécution de l'Arrest du Conseil du 3. Septembre 1726. par lequel en maintenant les Abbé & Religieux du Mont Sainte Marie, dans la possession & jouissance des Terres, Prés, Granges, Chalais & Moulins, situés entre le Mont-Vermont, le Ruisseau les Terreaux, Laige de Beauniez, & aux environs; il est ordonné que lesdits Sieurs Abbé & Religieux justifieront, que les Bois enclavés dans les abornemens, depuis la Fontaine aux Oyes, jusqu'au Chemin des Rabotoux, appellé le Mont-Vermont, leur appartiennent, & ne font point partie du Loyambon.

Du premier Avril 1738.

Arrest du Conseil, qui subroge le Sr. Viard de Pimel, pour l'exécution des Lettres Patentes du 20. Février 1731. par lesquelles le Sr. Maclot a été commis pour l'administration, tant des Forests, situées dans le Comté de Bourgogne & Maîtrise de Salins, que de celles affectées à l'usage des Salines dudit Comté, circonstances & dépendances; ensemble pour l'inspection, tant des Chemins qui conduisent desdites Forests à Salins & au Port de Chamblay, que des Routes qui se trouvent dans l'étenduë desdites Forests & desdits Chemins, cours des Rivieres, &c. & ce, pendant trois années; attribuë audit Sr. de Pimel toute Cour, Jurisdiction & connoissance des matieres énoncées ausdites Lettres Patentes, & lui accorde dix mille livres d'appointemens fixes & annuels, à prendre sur les fonds qui proviendront de la vente & adjudication des Bois desdites Forests, laquelle somme sera passée & allouée dans le compte de l'Adjudicataire des Fermes génerales, conformément ausdites Lettres Patentes de 1731.

Du premier Avril 1738.

Arrest du Conseil, qui supprime la levée & perception du Droit d'un sol par Muid de Sel, établi au profit des Propriétaires des Marais salans, des côtes & Isles de Xaintonge, par autre Arrest du 23. May 1730. sur les Sels qui s'enlevent desdits Marais.

Du premier Avril 1738.

Arrest du Conseil, qui commet le Sr. Intendant de la Géneralité de Bourges, pour instruire & juger le Procès aux nommés Michaut, Mieus, Pradon & Chalions; ensemble à leurs Complices, Participes & Adhérans du Fauxsaunage, avec attroupement & porr d'Armes, & de la Rebellion, Assassinat & mauvais traitemens par eux commis envers les Employés des Brigades des Fermes de St. Sulpice le Guertois, Champsanglar & de la Bussiere, près le Pont d'Auzance.

Du 15. *Avril* 1738.

Arrest du Conseil, qui ordonne que le prix du Curage qui sera fait à l'Etang d'Aiguemorte en exécution du Devis du Sr. Senès Ingénieur, & de l'Ordonnance du Sr. Baudouin, Subdelégué de l'Intendance de Languedoc, sera avancé par Nicolas Desboves, Adjudicataire des Fermes génerales sur les Ordonnances du Sr. de Bernage, Intendant de ladite Province, lesquelles seront assignées sur la Recette génerale des Gabelles de Montpellier; & ledit Desboves remboursé de ladite avance, sur le produit des cinq sols par Minot de Sel, ordonnés être perçus, par Arrest du 14. Aoust 1725. dans les Greniers des petites Gabelles, pour être employés à l'ouverture du Grau d'Aiguemorte.

Du 15. *Avril* 1738.

Arrest du Conseil, qui déboute les sieurs Cavel & le Tellier Notaires à Peronne, de l'appel par eux interjetté de l'Ordonnance du Sr. Chauvelin, Intendant d'Amiens du 24. May 1737. par laquelle les frais & vacations desdits Notaires, employés pour faire les fonctions des sieurs de Lagny & Ancelle, Grenetier & Controlleur au Grenier à Sel dudit Peronne, ont été réglés à la somme de cent quatre-vingt quatre livres.

Du 15. Avril 1738.

Arrest du Conseil, qui commet Mr. de Barentin, Intendant de la Géneralité de la Rochelle, pour instruire & juger souverainement & en dernier ressort, le Procès au nommé Alexis Bouché Mesureur de Sel en l'Isle de Ré; ensemble aux Auteurs, Complices, Fauteurs, Participes ou Adhérans, du Mesurage fait par ledit Bouché, avec un faux Boisseau; évoque & renvoye par-devant ledit Sr. Intendant, les procedures qui pourroient avoir été commencées pour raison de ce, en quelque Jurisdiction que ce soit, & lui permet de subdeléguer pour l'instruction, &c.

Du 15. Avril 1738.

Arrest du Conseil, qui commet le Sr. Intendant de la Géneralité de Moulins, pour instruire & juger toutes les affaires Criminelles, qui surviendront dans l'étendue de ladite Province, pour raison du Faux-saunage & de la Contrebande; & faire le Procès aux Auteurs & Complices des violences, que les Contrebandiers ou Faux-sauniers pourront commettre contre les Commis des Fermes.

Du 22. Avril 1738.

Arrest du Conseil, qui ordonne la construction aux dépens du Roy, d'un Grillage de l'Erang de la Garde, situé au bas du Canal de Rechicourt, conformément aux Plans & Devis qui en ont été dressés par le sieur Gueret Ingénieur, le 10. Décembre 1737. & qu'il en sera pareillement fait deux autres au-dessus du premier, & à distance convenable au flotage des Bois destinés à l'usage de la Saline de Moyenvick, dont les frais de construction desdits trois Grillages & entretien des deux derniers, seront à la charge du Roy, & le montant de la dépense du tout avancé par Nicolas Desboves, Adjudicataire des Fermes génerales unies, auquel il en sera tenu compte sur le prix de son Bail.

Du 22. Avril 1738.

Arrest du Conseil, qui en casse un de la Cour des Aydes de Montauban du 15. Janvier précedent, par lequel en annullant une Sentence du Siége des Gabelles de Villefranche du 30. Décembre 1737. sur le fondement que l'acte d'affirmation du Procès-verbal, sur lequel elle a été renduë, n'étoit point daté, a déchargé le nommé Jean Marty, du lieu d'Auzes en Rouergue, Faux-saunier à porte-col, de l'amende de trois cens livres, & de la peine de trois ans de Galeres prononcée contre lui; ordonne que ladite Sentence sera exécutée selon sa forme & teneur.

Du 22. Avril 1738.

Arrest du Conseil, qui autorise Nicolas Desboves, Adjudicataire des Fermes génerales unies, à acquérir, *tant pour lui que pour ses successeurs*, à la Ferme génerale, du sieur Bouvier, Curé de Moyenvick, trois fauchées quelques verges de Pré, qui ont été renfermées en 1734. dans l'enceinte de la Saline dudit Moyenvick, & ce, moyennant une rente annuelle de sept livres dix sols, à compter du premier Janvier 1738.

Du 29. Avril 1738.

Arrest du Conseil, qui ordonne que les Papiers concernant la réformation des Bois affectés aux Salines de Salins en Franche-Comté, renfermés dans un Coffre, étant dans la Maison qu'occupoit le feu sieur Maclot, seront remis au sieur Viard de Pimel, subrogé audit feu sieur Maclot, par Arrest du premier Avril 1738. pour l'exécution des Lettres Patentes du 20. Février 1731. qui commettent ledit sieur Maclot pour connoître des contestations au sujet de ladite réformation, &c.

Du 29. *Avril* 1738.

Arrest du Conseil, portant que l'Entrepreneur de la fourniture des Bois affectés aux Salines de Salins en Franche-Comté, comptera par-devant le sieur Viard de Pimel, du prix des Bois qu'il doit payer, suivant son Traité depuis le premier Janvier 1731. jusqu'au jour du présent Arrest, tant de ceux livrés pour le public, que de ceux par lui fournis pour le service de la Marine.

Du 29. *Avril* 1738.

Arrest du Conseil, qui évoque l'appel interjetté en la Cour des Aydes de Paris, par Jean-François Hivain, demeurant au Village d'Ecouaves, & Jean-Philippes Landry, Marchand Rafineur de Sel, demeurant en la Cité d'Arras, d'une Sentence renduë en la Jurisdiction des Fermes d'Esdin le 26. Février précedent, par laquelle il a été prononcé la confiscation de dix sacs de Sel gris, trouvés entreposés dans la Maison dudit Hivain, située dans les trois lieuës limitrophes de la Province de Picardie, & qui auroient dû être voiturés à Arras, dans le délai fixé par l'Acquit à Caution, délivré au Bureau d'Etaples; ordonne que les piéces de la Procedure instruite en ladite Jurisdiction, seront remises au sieur Controlleur géneral des Finances, dans un mois, à compter du jour de la signification dudit Arrest; avec défenses aux Parties de proceder ailleurs qu'au Conseil, à peine de nullité, cassation de procedures, & de tous dépens, dommages intérests.

Du 29. *Avril* 1738.

* Déclaration du Roi, qui fixe la Jurisprudence, & régle les formalitez à observer pour les oppositions au titre des Offices. Publiée au Sceau le 9. Mai 1738. & registrée ès Registres de l'Audience de France, *contenant vingt sept Articles.*

Du 20. May 1738.

Arrest du Conseil, qui évoque & renvoye pardevant Mr. de Vanolles, Intendant du Comté de Bourgogne, une instance pendante en la Cour des Comptes, Aydes, Domaines & Finances de Dole, entre le sieur Javin, Substitut du Procureur du Roi en la Jurisdiction des Salines de Salins, & Claude le Pin, Maître des Ouvrages de Saunerie de ladite Ville de Salins, pour raison des enlevemens & distraction par lui faits des matériaux provenans des Bâtimens des Salines, énoncez dans le Procès-verbal de renduë, du 8. Juin 1735. & des Bois destinez aux réparations de l'Etuaille de M. François, pour être par ledit sieur Intendant dressé Procès-verbal desdites demandes & prétentions respectives des Parties, & ledit Procès verbal envoyé au Conseil avec son avis, être fait droit, ainsi qu'il appartiendra; & fait deffenses aux Parties de se pourvoir ailleurs que pardevant ledit sieur Intendant, à peine de nullité, cassation de procédures, & de tous dépens dommages intérêts.

Du 4. Juin 1738.

* Arrest du Conseil, qui ordonne l'exécution de celui du 30. Octobre 1736. & en conséquence enjoint aux Officiers & Cavaliers de Maréchaussée d'arrêter tous Contrebandiers portant ou conduisant des Marchandises prohibées, Faux-Sauniers & Faux-Tabatiers, comme aussi de prêter aide & assistance aux Commis des Fermes, à leur premiere requisition dans la poursuite desdits Contrebandiers, même de dresser à ce sujet tous procès verbaux nécessaires, lesquels dûement affirmés seront crus & feront foi en Justice jusqu'à inscription de faux, le tout sans préjudice de l'exécution de l'Article V. de la Déclaration du 28. Mars 1720. en ce qui est contenu audit Article; deffend néanmoins ausdits Officiers & Cavaliers de Maréchaussée de s'immiscer, sous quelque prétexte que ce soit, de donner aucunes assignations aux Témoins, faire aucunes significations dans l'instruction des procès desdits Contrebandiers, ni même de mettre à exécution les decrets rendus con-

tre lesdits accusés, les arrêter, écrouer & recommander en vertu desdits decrets.

Du 10. Juin 1738.

Arrest du Conseil, qui accepte, du consentement des Cautions de Jacques Forceville, Adjudicataire des Fermes générales unies, les offres & propositions faites par Jacques Bruant, de se charger de l'explotation, fournitures & voiture des Bois à brûler, de ceux de construction & de charpente provenant des Forets en futaye & taillis, destinés tant à l'usage des Salines de Salins, que pour la consommation de ladite Ville pendant six années, à compter du premier Janvier 1739. prescrit les conditions, formalitez & précautions à observer pour ladite exploitation, & ordonne que l'Entrepreneur fournira bonnes & suffisantes cautions, lesquelles seront tenues de faire leurs soumissions au pied de copie dudit Arrest, pardevant le sieur Pimel, Commissaire général pour l'administration des Bois affectés & destinés aux Salines de Salins; circonstances & dépendances, & que tous les Réglemens & Ordonnances qu'il rendra seront exécutés par provision, nonobstant opposition, récusation, appellation, ou autres empêchemens pour lesquels ne sera differé, *contenant quarante-six articles.*

Du 10. Juin 1738.

Arrest du Conseil, qui conformément à l'avis de M. l'Intendant de la Généralité d'Auch, confisque le Sel entreposé & saisi le premier Décembre 1736. chez les Sieurs Etienne Fieuzat, & Joseph Pruniers, Marchands de la Ville de saint Nicolas de la Grave, les condamne par grace, & sans tirer à conséquence chacun en cinquante livres d'amende, & ordonne en outre que ledit Arrest, ensemble celui du 25. Novembre 1671. par lequel il est deffendu de faire aucun amas ni entrepôt de Sel de Brouage sur la Frontiere des Pays rédimez des Gabelles de Languedoc, ailleurs que dans les Villes de Verdun & Grenade sur la Garonne, Moissac & Montauban sur le Tarn, & dans Cahors, sur-le-Lot, sous les peines portées par les Ordonnances

donnances & Réglemens, seront lûës, publiez & affichez à saint Nicolas en la Grave, & par tout ailleurs où besoin sera.

Du 10. *Juin* 1738.

Lettres Patentes du Roi, qui approuvent & confirment le Contrat d'aliénation passé le 8. Février précédent par les Maire & Echevins de la Ville de Meaux, au profit d'Isaac-Antoine-René Raulin, Marchand, & René-Claude Piguere, Maître de Poste de ladite Ville, & de leurs successeurs & ayant causes, d'un Terrain de seize toises de long, sur neuf toises de large, près la Riviere de Marne, dépendant du Domaine de ladite Ville, à l'effet d'y construire un corps de Bâtiment qui renfermera deux Greniers à Sel, un entrepôt dans le milieu, & une Chambre d'Audience pour les Officiers dudit Grenier, à la charge par lesdits Raulin & Piguere; de payer annuellement à la Ville de Meaux une rente fonciere de quarante livres; confirment pareillement le Bail par eux passé à Jacques Forceville, Adjudicataire des Fermes générales unies, le 12. Février 1738. desdits Greniers, Dépôt & Chambre d'Audience, pour six années, ainsi que ceux qui pourront être renouvellez par la suite, le tout aux charges, clauses & conditions portées audit Contrat d'aliénation & Baux qui pourront être faits par la suite.

Des 24. *Juin* 1738. *&* 24. *Mars* 1739.

* Arrest du Conseil, & Lettres Patentes sur icelui, *registrées en la Cour des Aydes le* 13. *Décembre* 1740. portant que conformément à l'Article VI. du Titre VI. de l'Ordonnance des Gabelles de 1680. & à l'Article LX. du Bail des Fermes générales unies, fait à Pierre Carlier le 19. Août 1726. les Particuliers, tant de la Ville de Mâcon, que du Mâconnois, seront tenus de recevoir les feüilles de Gabelles qui leur seront présentées aux Greniers dudit pays, contenant la quantité de Sel qu'ils auront levés, la date du jour, avec leur nom, surnom & demeure, pour les feüilles être par eux représentées aux Employez des Fermes, lors de leurs visites dans leur domicile, à

peine de confiscation de leur Sel, & de cent livres damende.

Du 24. Juin 1738.

Arrest du Conseil, qui commet M. l'Intendant de la Généralité de Moulins pour instruire & juger souverainement & en dernier ressort toutes les affaires criminelles qui sont survenuës, ou qui surviendront dans l'étenduë de ladite Généralité, à l'occasion du Commerce de Tabac de Contrebande, de l'introduction & débit des Indiennes & autres Marchandises prohibées, & du commerce du Faux-Sel, lorsque les attroupemens seront au-dessus du nombre de cinq, avec armes ou sans armes, à pied ou à cheval, & dans le cas de violences avec des armes, en si grand & petit nombre que soient lesdits Contrebandiers & Faux-Sauniers, soit que les violences soient commises contre les Commis des Fermes, Cavaliers de Maréchaussées ou détachemens de Troupes chargés d'ordres pour arrêter lesdits Faux Sauniers, Fraudeurs & Contrebandiers, soit que les violences soient faites à des gens domiciliés, pour se procurer des retraites ou des vivres. Evoque les procédures qui pourroient avoir été commencées pour raison de ce en quelques Jurisdictions que ce soit, & icelles, circonstances & dépendances, a renvoyées & renvoye pardevant ledit sieur Commissaire départi, pour être le tout par lui jugé souverainement & en dernier ressort, lui attribuant à cet effet toute Cour, Jurisdiction & connoissance, icelle interdisant à toutes ses Cours & autres Juges.

Du 24. Juin 1738.

Arrest du Conseil, qui liquide à la somme de soixante-treize mille vingt-huit livres dix-sept sols onze deniers, l'indemnité dûë à Nicolas Desboves, Adjudicataire des Fermes, pour le supplément du prix des Sels par lui fournis aux Cantons Suisses Catholiques, & au Chapitre de Besançon, pendant la cinquiéme année de son Bail, commencée au premier Octobre 1736. & finie au dernier Septembre 1737. ordone qu'il lui sera expedié une ordonnance de comptant de pareille somme sur le Garde du Trésor Royal en exercice, laquelle sera par lui payée en sa quittance comptable, à la décharge du prix du Bail dudit Desboves.

Du 28. Juin 1738.

* Réglement du Conseil, concernant les procédures qui doivent y être observées. *Distribué en deux parties, dont la premiere contient dix titres, & la seconde dix-sept.*

Du 28. Juin 1738.

* Réglement, concernant la procédure que le Roi veut être observée pour l'instruction des affaires renvoyées devant des Commissaires nommez par Arrests de son Conseil, *contenant dix-huit Articles.*

Du premier Juillet 1738.

* Arrest du Conseil, pour la prise de possession du Bail des Fermes générales unies, sous le nom de Jacques Forceville, pendant six années, à commencer du 1. Octobre 1738. pour les grandes & petites Gabelles, Droits manuels sur les Sels, Gabelles des trois Evêchez, Domaines & Gabelles de Franche Comté, & Droit de rehaussement sur les Sels dans ladite Province, Cinq grosses Fermes, Droits sur les Huiles & Savons, Aydes, Entrées de Paris, Impôts & Billots & Formules de Bretagne; marque d'or & d'argent, marque des fers, formules dans les Pays où les Aydes ont cours, Domaine, Barrage & Poids-le-Roi aux Entrées de Paris, Jauge & Courtage, Courtiers-Jaugeurs, Inspecteurs aux Boucheries & Boissons, droits sur les Suifs à Paris, & pour la Ferme du Tabac: & au premier Janvier 1739. pour les Domaines de France, Contrôle des Exploits, Domaines de Flandres, Haynault, Artois, Alsace, Principauté d'Orange, & Duché de Châteauroux, Contrôle des Actes, Sceaux & insinuations Laïques, Greffes, Amortissemens, Franc-Fiefs, Formules dans les Provinces où

les Aydes n'ont point cours, nouvelle Formule des Notaires de Paris, Droits réservez dans les Cours & Jurisdictions du Royaume, Gages intermediaires, Domaine d'Occident en France, Droits casuels réunis au Domaine, & autres Droits compris au Bail dudit Forceville, deux & quatre sols pour livres de ceux de tous lesdits droits qui y sont sujets.

Permet audit Forceville & à ses Sous-Fermiers de se servir des Timbres actuellement en usage.

Dispense les Employez qui ont prêté serment pendant les précédens Baux & Sous-Fermes, de le prêter de nouveau; leur permet de verbaliser dans le ressort des Jurisdictions où ils pourront se trouver; deffend aux Juges d'annuller leurs Procès verbaux, sous prétexte que leurs noms ne se trouveroient point inscrits dans un Tableau déposé au Greffe de leur Jurisdiction.

Permet audit Forceville & à ses Sous-Fermiers, d'entretenir ou de résilier les Baux à loyer des maisons & greniers; ensemble les abonnemens, traitez & marchez qui peuvent avoir été ci-devant faits par les précédens Fermiers & Sous-Fermiers de partie desdites Fermes & Droits.

Régle les Droits d'enregistrement duprésent Arrest, & ceux de réception & prestation de serment des Employez; & ordonne que les Réglemens rendus au profit des précédens Fermiers seront exécutez en faveur dudit Forceville & de ses Sous-Fermiers, comme s'ils avoient été rendus sous leurs noms.

Du premier Juillet 1738.

* Arrest Contradictoire du Conseil, qui condamne les Ecclésiastiques du Clergé Séculier de la Ville de Caën, à payer les Droits d'octroys, suivant & conformément aux dispositions, tant de l'Arrest du Conseil du 8. Janvier 1665. & de celui du 8. Janvier 1718. que de celui du premier Aoust 1719. & des Lettres Patentes expédiées sur icelui le 7. Décembre audit an; les condamne pareillement à payer comme par le passé les Droits d'Aydes sur les Boissons d'achat & sur celles qui proviennent de leurs Titres Sacerdotaux, suivant & conformément à l'Ordonnance de 1680. & à l'Arrest du Conseil du 9. Février 1715.

aux exceptions portés, tant par l'article XIV. du Titre IV. des anciens & nouveaux, cinq sols de ladite Ordonnance pour les Vendanges & le Vin de leurs Bénéfices, & par l'article VIII. du Titre XXIV. du Droit de subvention pour les Boissons du cru de leurs Bénéfices, que par la Déclaration du 10. Octobre 1689. portant rétablissement du Droit de Jauge & Courrage; & en outre que lesdits Ecclésiastiques du Clergé de la Ville & Fauxbourgs de Caën, seront tenus de se conformer sur le fait des Gabelles aux dispositions de l'Ordonnance de 1680. à la Déclaration du 21. Octobre 1710. & à l'Arrest du Conseil du 25. Juillet 1719. & Lettres Patentes expédiées sur icelui le premier Aoust suivant, & sous les peines y portées.

Du premier Juillet 1738.

Arrest du Conseil, par lequel faisant Droit sur l'Instance pendante en la Cour des Comptes, Aydes, Domaines & Finances de Dole entre le sieur Javin, Substitut du Procureur du Roi en la Jurisdiction des Salines de Salins, & Claude-François le Pin, Maître des Ouvrages de Saunèries de ladite Ville, à l'occasion de l'enlevement par lui fait des matériaux provenans des Bâtimens desdites Salines, met au néant l'appel interjetté par ledit le Pin d'une Sentence obtenuë sur la réquisition dudit sieur Jauvin, portant permission d'informer de l'enlévement & soustraction des matériaux; condamne ledit le Pin par corps à rapporter & rétablir dans les Salines tous les vieux matériaux qu'il en a enlevez ou fait enlever depuis qu'il est revêtu de son Office, sinon la juste valeur; ordonne que les prédécesseurs dudit le Pin, qui depuis trente ans ont enlevé ou détourné les vieux matériaux desdites Salines seront pareillement tenus, ainsi que les veuves & héritiers de ceux qui sont décedez, de les rapporter, ou leur juste valeur; & fait deffense audit le Pin & à tous autres, de s'approprier aucuns desdits vieux matériaux, lesquels seront toujours conservez pour être remis en œuvre, ou vendus juridiquement au profit du Roi.

Du premier Juillet 1738.

Arrest du Conseil, qui évoque & renvoye pardevant le sieur Colleau, Commissaire du Conseil député à Valence en Dauphiné, l'appel interjetté le 9. Juin 1738. par Nicolas Desboves, Adjudicataire des Fermes générales unies, d'une Sentence renduë par le Visiteur Général des Gabelles de Brioude, le 20. Décembre 1737. par laquelle les nommez Pierre Bois, François Fridier, Pierre Mascaret, & Jean Rioux, arrêtez avec armes, du faux Sel & du Tabac de fraude le 5. Décembre 1737. par les Employez des Fermes du Bas-Auvergne, dans la maison de la nommée Marie Eblin, Cabaretiere au Village de Vezenel, n'ont été condamnez qu'en la confiscation du Sel, Tabac, Chevaux & Equipages, & en trois cens livres d'amende, au lieu d'avoir instruit leur procès à l'extraordinaire, comme Faux-Sauniers attroupez à port d'armes; ordonne que les procédures faites pour raison de ce en la Jurisdiction de la Visitation de Brioude, seront remises au Greffe de la Commission dudit sieur Colleau, à ce faire tous Greffiers & Dépositaires contraints, pour être ledit appel, circonstances & dépendances, jugé en dernier ressort par ledit sieur Colleau, conformément aux Arrests du Conseil des 31. Mars & 21. Juillet 1733. qui établissent sa Commission.

Du premier Juillet 1738.

Arrest du Conseil, par lequel avant faire droit sur la Requête de Pierre Carlier, ci-devant Adjudicataire des Gabelles de France, tendante à la cassation de celui de la Cour des Aydes de Paris, du 31. Août 1737. qui en infirmant une Sentence des Offices du Grenier à Sel d'Aubenton, du 28. Février 1732. portant que les Maire, Echevins & Habitans de la Ville de Rocroy rapporteront les titres de leur prétenduë exemption des Droits de Gabelle, donne acte aux Habitans des offres par eux faites de payer audit Carlier les arrérages qui lui sont dûs, à raison de cinq livres par an, pour lui tenir lieu du droit de Gabelle d'un septier de Sel, conformément à leurs privileges, au lieu de cent quarante livres prétendus par ledit Carlier pour le prix dudit septier de Sel ; ordonné que le Procureur Général de ladite Cour des Aydes envoyera au Conseil les motifs dudit Arrest, pour iceux vûs & examinés, être par Sa Majesté ordonné ce qu'il appartiendra, toutes choses jusqu'à ce demeurant en état.

Du premier Juillet 1738.

Arrest du Conseil, qui déboute Jean-François Hivain, demeurant au Village d'Ecouans, & Jean-Philippes Landry, Marchand Rafineur, demeurant en la Cité d'Arras, de l'appel par eux interjetté d'une Sentence de la Jurisdiction des Fermes d'Hesdin, du 26. Février 1738. faute par eux d'avoir satisfait à l'Arrest du Conseil du 29. Avril 1738. portant que les Piéces concernant la procédure faite contre eux en ladite Jurisdiction des Fermes d'Hesdin, seroient remises entre les mains du sieur Contrôleur Général des Finances dans le courant d'un mois, à compter du jour de la signification d'icelui ; ordonne l'exécution de ladite Sentence, par laquelle le Sel trouvé, entreposé & saisi en la maison dudit Hivain le 19. Décembre 1737. a été confisqué avec condamnation de trois cens livres d'amende pour n'avoir pas conduit ledit Sel en droiture à Arras dans le délai fixé par l'acquit à caution, pris au Bureau d'Estaples.

Du premier Aoust 1738.

* Arrest du Conseil, qui ordonne que les anciens sols, & les piéces dites de trente deniers, n'auront plus cours que pour dix-huit deniers, & les demis à proportion. Régle la quantité d'espéces de billon qui pourra entrer dans les payemens ; & renouvelle les deffenses d'en exposer & recevoir de fabriques étrangeres.

Du 12. Aoust 1738.

Arrest du Conseil & Lettres Patentes, portant, qu'à commencer du premier Octobre 1738, il sera levé un sol par Minot de Sel dans les Greniers du Lyonnois, & neuf deniers aussi par Minot dans les Greniers & Chambres du haut & bas Languedoc, Auvergne & Rouergue, à l'exception du Grenier de Cette, & ce, tant que subsistera l'Arrest du 3. Septembre 1737. par lequel la perception du Droit de Petit-Blanc a été ordonnée sur les Sels qui se chargent aux Salins de Peccais & de Periac, pour le fonds être employé à rembourser la Province de Languedoc, des avances par elle faites à l'occasion des travaux faits & à faire au Pont St. Esprit, & aux Chaussées en dépendantes.

Registrées en la Cour des Aydes de Paris le 20. Décembre 1738. En celle de Montpellier le 13. Novembre; en celle de Montauban le 15. dudit, & en celle de Clermont-Ferrand le premier Décembre de ladite année 1738.

Du 12. *Aoust* 1738.

Arrest du Conseil, qui par grace leve l'interdiction prononcée contre le sieur le Gendre, Président au Grenier à Sel de Buzançois, par Arrest du 30. Décembre 1737. & lui défend d'assister aux Ventes, Distributions, Relevemens, Emplacemens & Mesurages des Sels qui seront faits dans ledit Grenier, à peine d'interdiction & de plus grandes peines, en cas de désobéïssance.

Du 12. *Aoust* 1738.

Arrest du Conseil, qui commet Mr. Dodart, Intendant de la Géneralité de Bourges, pour instruire & juger souverainement & en dernier ressort, le Procès aux nommés François Triboudec & Pierre Almain Gardes-sedentaires au Grenier à Sel de Sancerre, accusés d'avoir exigé des sommes des nommés François Lourdec, Estienne & Antoine Ferrand, Cabaretier & Laboureurs de la Paroisse de St. Cerla, sous prétexte de saisies domiciliaires de faux Sel, sans en avoir dressé de Procès-verbaux.

Du 13. *Aoust* 1738.

* Réglement du Roi, pour la Police qui doit être observée dans l'Hôpital Militaire de Bourbonne-les-Bains, *contenant dix-*

dix-huit articles, dont le treiziéme deffend aux Cavaliers, Dragons & Soldats qui seront audit Hôpital, de faire aucun trafic de Sel, de Tabac, ou autres Marchandises, même de celles dont le Commerce est permis, à peine d'être arrêtez & punis suivant la rigueur des Ordonnances.

Du 19. Aoust 1738.

Arrest du Conseil, portant, qu'à l'avenir la Chambre à Sel de Nasbinals, actuellement comprise dans le Département d'Auvergne & Rouergue, sera à l'avenir dépendante du Gevaudan en Languedoc; que ladite Chambre sera fournie du Sel de Peyriac & Sijean, dont sont actuellement fournies les Chambres à Sel de Mendes, Marvejols & Langogne, en exécution de l'Arrest du Conseil & Le tres Patentes du premier Octobre 1737. lequel Sel de Peyriac & Sijean, sera vendu dans ladite Chambre de Nasbinals au même prix que dans les Chambres de Mendes, Marvejols & Langogne; & défend aux Habitans qui ressortissent à ladite Chambre de Nasbinals d'user d'autre Sel que de celui de Peyriac & Sijean, à peine contre les contrevenans d'être punis comme Faux-sauniers, & condamnés aux peines portées par les Réglemens.

Du 19. Aoust 1738.

Arrest du Conseil, qui proroge pendant six années, à compter du premier Février 1740. la levée & perception de quatorze sols par Minot de Sel, qui se débite au Grenier de Tournus, pour être le produit employé, conformément aux Arrest & Lettres Patentes du 23. Octobre 1731. à la subsistance des pauvres, & à l'entretien de l'Hôpital de ladite Ville.

Du 26. Aoust 1738.

* Arrest du Conseil, qui continuë jusqu'à ce qu'il en soit autrement ordonné, la modération du prix du Sel à vingt-quatre livres le Minot, dans le Grenier de Gex.

Du 4. Septembre 1738.

* Arrest de la Cour des Aydes, qui infirme une Sentence des Officiers de l'Election de Saint Quentin, du 16. Avril 1738. qui avoit déclaré nulle l'assignation donnée un jour de Dimanche, par un Procès-verbal de saisie faite en Campagne, le 2. Mars audit an, de sept livres sept onces de Tabac de contrebande, & douze livres de Sel gris, sur Jean Merlier; confisque le Cheval, les Sel & Tabac saisis, & condamne ledit Merlier en mille livres d'amende & aux dépens.

Du 5. Septembre 1738.

* Arrest de la Cour des Aydes, qui ordonne, qu'en attendant l'enregistrement du Bail fait à Jacques Forceville, des Fermes génerales unies, ledit Forceville sera mis en possession des Bureaux, servans actuellement à la régie & perception des Droits dépendans desdites Fermes, avec faculté d'établir les Commis géneraux & particuliers, dont il aura besoin.

Du 8. Septembre 1738.

* Arrest du Conseil, qui maintient le sieur de Senozan dans le Droit de Péage sur le Rhône, au lieu de Givort, Géneralité de Lyon, pour percevoir ledit Droit, depuis le 18. Octobre jusqu'au 12. Décembre de chaque année inclusivement, suivant le Tarif inséré dans ledit Arrest, par l'article Ier. duquel le Droit de Péage est fixé à cinq sols six deniers Tournois, sur chacun gros Muid de Sel, composé de dix sommées; avec défense de percevoir ledit Droit sur d'autres Denrées & Marchandises que celles y énoncées, & notamment sur les Bleds, Grains, Farines & Légumes, verds ou secs; Bois & Charbons passant devant ledit lieu de Givort.

Du 8. Septembre 1738.

* Arrest du Conseil qui maintient le sieur de Senozan dans

le Droit de Péage sur la Riviere du Rhône, appellé Patte ou Foires de la Generiere & de Montagny, pour percevoir ledit Droit, depuis le 18. Octobre jusqu'au 12. Décembre de chaque année inclusivement, suivant le Tarif inseré audit Arrest; & supprime le Droit de Péage par terre, prétendu par le sieur de Senozan, appellé Péage de Millerieu, Patte ou Foires de Montagny, la Genetiere ou le Bastard, Géneralité de Lyon; par l'article Ier. duquel Tarif ledit Droit de Péage est fixé à quatre sols deux deniers Tournois, par chacun gros Muid, composé de dix sommées au lieu de cinq deniers par sommée; avec défenses de percevoir ledit Droit sur d'autres Denrées & Marchandises que celles y énoncées, & notamment sur les Bleds, Grains, Farines & Légumes, verds ou secs.

Du 8. Septembre 1738.

* Arrest du Conseil, qui maintient les Doyen, Comtes, Chanoines & Chapitre de l'Eglise Métropolitaine de Lyon, dans le Droit de Péage de Givort sur la Riviere du Rhône, suivant le Tarif inseré audit Arrest; par l'article Ier. duquel Tarif ledit Droit de Péage est fixé à huit sols quatre deniers Tournois par chacun gros Muid de Sel, composé de dix sommées; & supprime le Droit de Péage par terre prétendu par lesdits Doyen, Chanoines & Chapitre de Lyon, audit lieu de Givort, Géneralité de Lyon.

Du 9. Septembre 1738.

Arrest du Conseil, pour faciliter la navigation de la Riviere d'Yonne, qui supprime le Pertuys de Regennes, près ladite Riviere; ordonne la démolition du Moulin construit sur la même Riviere audit lieu de Regennes, le tout appartenant à l'Evêché d'Auxerre; liquide à la somme de vingt-quatre mille livres, l'indemnité dûë à Mr. l'Evêque d'Auxerre à ce sujet, dont dix mille livres seront payées par l'Adjudicataire des Fermes, à l'acquit des Préposés à la voiture des Sels, & décharge du Droit d'Amortissement pour raison de la construction d'un nouveau Moulin, qui sera bâti dans l'endroit le plus convenable, au lieu de celui dont la démolition est ordonnée.

Du 15. Septembre 1738.

* Départemens de Mrs. les Fermiers Géneraux, pour le service des Fermes Royales unies, pendant la premiere année du Bail de Me. Jacques Forceville.

Du 16. Septembre 1738.

Arrest du Conseil, qui commet le Sr. Colleau, Lieutenant Criminel au Châtelet de Melun, & Président de la Commission du Conseil établie à Valence en Dauphiné, pour instruire & juger souverainement & en dernier ressort, le Procès à un Particulier sans aveu, qui prend le nom de Saulnier, & qui s'est dit autorisé par Commission du Fermier, pour faire la recette génerale des Fermes, dans l'étendue de la Direction de Bourg-en-Bresse, lequel sous prétexte de cette prétendue Commission s'est fait remettre les fonds trouvés chez le nommé Gobet Regratier du lieu de Châtillon en Mechailles; évoque & renvoye pardevant ledit Sr. Colleau les procedures qui pourroient avoir été commencées pour raison de ce, en quelque Jurisdiction que ce soit, pour être le tout par lui jugé, conformément aux Arrests du Conseil des 31. Mars & 21. Juillet 1733. portant établissement de la Commission dudit Sr. Colleau, &c.

Du 16. Septembre 1738.

* Bail des Fermes génerales unies fait à Jacques Forceville pour six années, à compter du premier Octobre 1738. pour les grandes & petites Gabelles, Cinq grosses Fermes, Droits sur les Huiles & Savons, & Droits y joints, & du Privilége exclusif de la vente du Tabac; & du premier Janvier 1739. pour les Domaines de France, Controlle des Actes, petits Scels, Insinuations, Centiéme denier, Greffes, Amortissemens, Francs-Fiefs, Nouveaux Acquêts & Droits y joints, & du Domaine d'Occident en France, aux prix, charges, clau-

ſes & conditions y portées, *contenant ſix cens deux articles.*

Du 16. *Septembre* 1738.

Arreſt du Conſeil, qui maintient les Tréſoriers de France de la Géneralité de Montpellier, dans l'Intendance & admiſtration des Gabelles & Salines de Languedoc; ordonne qu'ils continueront de connoître de toutes les conteſtations concernant le recreuſement & autres réparations aux Canaux des Pêcheries, toutes les fois qu'il s'agira du ſervice des Salins & des préparations néceſſaires pour la Saunaiſon, circonſtances & dépendances, ſauf l'appel au Conſeil; fait défenſes aux Parties de ſe pourvoir ailleurs, à peine de nullité, caſſation de procedures & de tous dépens, dommages & intérêts; ordonne que les Ordonnances deſdits Tréſoriers de France des 7 Juin, premier & 26. Juillet 1737. enſemble toutes les Ordonnances qu'ils rendront ſur tout ce qui concerne l'adminiſtration des Gabelles & Salins, ſeront exécutées par proviſion, nonobſtant l'appel, & ſans y préjudicier; évoque au ſurplus & renvoye par-devant Mr. l'Intendant le fonds des conteſtations d'entre le Parlement de Toulouſe & les Tréſoriers de France, ſur la compétence des deux Juriſdictions, pour entendre les Parties, dreſſer Procès-verbal de leurs dires & de la repréſentation de leurs Titres, ordonner telles Enqueſtes & vérifications qu'il jugera néceſſaires, pour ſur le tout & ſon avis, être ordonné ce qu'il appartiendra; ordonne en outre que les Propriétaires des Salins feront les diligences néceſſaires pour l'exécution, tant dudit Arreſt, que de celui du 21. Novembre 1730. à peine de tous dépens, dommages & intérêts.

Du 16. *Septembre* 1738.

* Arreſt du Conſeil, qui caſſe trois Sentences rendues par les Officiers du Grenier à Sel de Laval les 17. Janvier, 11. Juillet & 12. Décembre 1737. pour avoir accordé des permiſſions d'employer du Sel d'Impôt en groſſes ſalaiſons, ſans le conſentement du Fermier, & donné main-levée des Chairs ſaiſies avec ledit Sel; confiſque les Chairs ſalées ſaiſies ſur René

Dudouet, Jean & François Laufrager; condamne lesdits Dudouet & Laufrager chacun en trois cens livres d'amende; & défend ausdits Officiers & à tous autres de rendre de pareilles Sentences à l'avenir, à peine d'interdiction, ni d'accorder aucunes permissions pour convertir le Sel d'Impôt en grosses salaisons, que du consentement par écrit du Commis de l'Adjudicataire de la Ferme des Gabelles.

Du 30. Septembre 1738.

Arrest du Conseil, qui accorde au sieur Jean Dumont, Entrepreneur du curage des Canaux d'Ayguemortes, une indemnité de dix mille livres à cause des dépenses extraordinaires qu'il a été obligé de faire depuis le premier Janvier 1730. pour l'entretien desdits Canaux, laquelle somme de dix mille livres lui sera payée; sçavoir, sept mille livres comptant, & trois mille livres à la fin de l'Adjudication des Travaux par l'Adjudicataire des Fermes génerales, auquel il en sera tenu compte sur le prix de son Bail.

FIN.

TABLE
DES EDITS, DECLARATIONS, ARRESTS ET REGLEMENS

RENDUS pendant la sixiéme année du Bail de Me. NICOLAS DESBOVES.

Commencée le premier Octobre 1737. & finie le dernier Septembre 1738.

CONCERNANT les Aydes, Entrées, Pied-Fourché & Droits y joints, Papier & Parchemin Timbrés, Domaine & Barrage & Poids-le-Roy, Domaines de Flandre, Marque d'Or & d'Argent, Marque des Fers, Impôts & Billots de Bretagne, Droits sur le Poisson, Droits rétablis aux Entrées & sur les Ports, Quays, Halles, Places & Marchez de la Ville & Fauxbourgs de Paris, & aliénés aux Officiers créés par Edit du mois de Juin 1730. Inspecteurs aux Boucheries & des Boissons, Courtiers, Commissionnaires & Jaugeurs de Futailles, Droits appartenans à la Ville de Paris, à l'Hôpital-Général, & à l'Hôtel-Dieu &c.

Des premier Octobre 1737. & 21. Janvier 1738.

* Eux Arrests du Conseil, dont le premier en casse un de la Cour des Aydes de Paris, du 17 Juillet 1737. par lequel un Procès-verbal fait par les Commis, en présence du Lieutenant de l'Election de Soissons contre Jean Bricottau, Tonnelier à Soissons, surpris vendant

Vin à faux bouchon, avoit été annullé, sous prétexte que cet Officier n'avoit point signé le Procès-verbal des Commis ; & en conséquence avoit infirmé une Sentence des Elus de Soissons du 15. Septembre 1736. qui avoit condamné Bricottau en l'amende de cent livres, & à la confiscation des Vins saisis par le Procès-verbal ; ordonne l'exécution de ladite Sentence, & condamne Bricottau aux dépens faits en la Cour.

Et le second, déboute ledit Bricottau & sa femme de l'opposition par eux formée à l'exécution du premier, & les conne au coût dudit Arrest de débouté, liquidé à soixante quinze livres.

Du premier Octobre 1737.

* Lettres Patentes du Roi, *enregistrées en Parlement le* 31. *Mars* 1738. pour l'exécution du Réglement du même jour, concernant les Manufactures, Marques & Visites des Etoffes de Soye, Or & Argent, & autres Etoffes mêlangées de Soye, Laine, Poil, Fil & Coton ; ensemble la Police de la Communauté des Maîtres Marchands & Maîtres Ouvriers, travaillant à façon desdites Etoffes, tant dans la Ville & Fauxbourgs de Lyon, que dans les Provinces de Lyonnois, Forest & Beaujollois, *contenant* 208. *articles*, dont le CXLIV. défend aux Collecteurs de l'Impôt du Sel, de saisir ni enlever & vendre les Matieres, Ustenciles & Métiers servant à la Manufacture de Draps de Soye, Or & Argent de ladite Ville & des dix lieuës aux environs, pourvû qu'ils servent actuellement ausdites Fabriques ; & à tous Huissiers de faire lesdites saisies, à peine d'interdiction de leurs Charges, cinq cens livres d'amende, & de tous dépens, dommages & intérêts ; & l'article CCVIII. ordonne que les Registres de toute espece qui seront tenus dans le Bureau établi à Lyon, pour la visite des Etoffes, seront en Papier non timbré, & renouvellés tous les ans.

Du 8, Octobre 1737.

* Sentence renduë par les Prévost des Marchands & Eche-

vins de la Ville de Paris, qui confisque sur le nommé Parisot Voiturier par Eau, six Muids un septier d'Avoine; sçavoir, les trois quarts au profit de l'Hôpital géneral, & l'autre quart en faveur des Communautés des Officiers Mesureurs & Porteurs de Grain, à partager entre lesdites deux Communautés chacune par moitié; confisque pareillement le prix ou valeur de cinq Muids un septier de ladite Avoine, évalué, à raison de cent huit livres le Muid sur le nommé Cottin, Entrepreneur de l'enlevement des Bouës; confisque aussi sur le nommé de Launay Voiturier par Terre, un Muid de ladite Avoine, évalué de même à cent huit livres, au profit de l'Hôpital, & condamne lesdits Parisot, Cottin & de Launay, chacun en trois cens livres d'amende, pour avoir, par ledit Parisot, amené ladite Avoine en cette Ville, avec une Lettre de voiture en blanc, & depuis remplie du nom dudit Cottin; par ledit Cottin avoir acheté ladite Avoine, & cédé un Muid audit de Launay, & par ledit de Launay l'avoir acheté.

Du 15. Octobre 1737.

* Ordonnance des Prévost des Marchands & Echevins de la Ville de Paris, qui autorise la publication dans ladite Ville, de la Ferme des Droits d'Octrois, appartenant à la Ville de la Rochelle, avec le Tarif desdits Droits.

Des 26. Octobre 1737. & 11. Janvier 1738.

* Jugemens de Police, qui confisquent dix Moutons saisis aux Entrées de Paris, sur Martin Ficquet, Marchand Boucher de ladite Ville, faute d'être porteur d'un Laissez-passer d'un Fermier des Droits qui se perçoivent sur les Bestiaux, aux Marchés de Seaux & Poissy; en conséquence de l'Arrest du Conseil du 27. Septembre 1735. & condamnent ledit Ficquet en l'amende de cinq cens livres, trente livres de dommages intérêts & aux dépens.

Du 5. Novembre 1737.

* Arrest du Conseil, qui décharge Armand Pillavoine, cidevant Adjudicataire des Fermes générales unies, de toutes assignations & autres poursuites faites ou à faire pour raison de l'exploitation de son Bail, & ordonne que ses Cautions, ainsi que Pierre Vaquier qui lui a été subrogé, ne pourront être assignés qu'en leur domicile à Paris, ni traduits ailleurs qu'en la Cour des Aydes pour le même fait, sans que les Receveurs & autres Redevables contre lesquels il sera décerné des contraintes pour raison de leurs débets, y puissent former opposition ni se pourvoir ailleurs qu'en ladite Cour, à peine de nullité, cassation de procedures, cinq cens livres d'amende, & de tous dépens, dommages & intérêts.

Du 11. Novembre 1737.

* Ordonnance de Mr. l'Intendant de la Géneralité d'Orléans, qui enjoint aux Marchands-Commissionnaires dans les vingtquatre heures de l'emmagasinement de leurs Vins, de déposer au Bureau le plus prochain, les Congés sur lesquels ils auront enlevé les Vins & Eaux-de-Vie par eux achetés, pour le compte des Marchands de Paris & des autres lieux; régle les formalités qui seront observées par lesdits Commissionnaires & les Commis Buralistes, lors du dépôt desdits Congés, de l'enlevement desdits Vins & Eaux-de-Vie desdits Magasins, & la remise desdits Congés; & défend d'enlever lesdites Boissons sans Congé, à peine de confiscation & de deux cens livres d'amende.

Du 17. Novembre 1737.

Résultat du Conseil, portant Bail des Fermes générales unies, & de celle du Tabac sous le nom de Me Jacques Forceville, pour six années, à compter du premier Octobre 1738. pour les grandes & petites Gabelles, cinq grosses Fermes, Droits sur les Huiles & Savons & Droits y joints, & du Privilege de la vente exclusive du Tabac, & du premier Janvier

1739. pour les Domaines de France, Contrôle des Actes, petits Scels, Insinuations, centiéme Denier, Greffes, Amortissemens, Francs-Fiefs, nouveaux Acquets & Droits y joints, & du Domaine d'Occident en France, le tout aux prix, charges, clauses & conditions y portés.

Du 29. Novembre 1737.

* Ordonnance du Bailliage de Versailles, portant Réglement & Tarif des Droits qui doivent être payés par les Marchands & Mariniers aux Débardeurs du Port de Marly.

Du 3. Décembre 1737.

* Arrest du Conseil, qui ordonne l'exécution des Articles XXXV. XXXVI. & XXXVII. du titre commun pour toutes les Fermes de l'Ordonnance du mois de Juillet 1681. en conséquence, casse & annulle la procedure faite à la Requête du Procureur du Roi au Châtelet de Paris, ensemble le decret de prise de corps décerné par le Lieutenant Criminel dudit Châtelet, tant contre François Saclet, qu'autres Commis aux entrées de Paris, & tout ce qui s'en est ensuivi; fait deffenses audit Procureur du Roi de faire aucunes poursuites, & audit Lieutenant Criminel de rendre de pareils decrets, ni de connoître des affaires concernant les Fermes du Roi, sauf aux parties à se pourvoir pardevant les Officiers de l'Election, & par appel en la Cour des Aydes, & ordonne que ledit Saclet sera élargi & mis hors des prisons du grand Châtelet de Paris.

Du 4. Décembre 1737.

* Arrest de la Cour des Aydes, qui donne acte à Nicolas Desboves, adjudicataire des Fermes générales unies, de ses offres de donner au sieur Desmazets, Ecuyer, Seigneur de Saillac, une décharge du cautionnement par lui fourni pour le sieur Poirsin, Directeur des Fermes, aux charges des apostilles du compte dudit sieur Poirsin, & de l'état final d'icelui, & sur le surplus des demandes dudit sieur de Saillac, tendantes à ce que

les biens affectez au cautionnement soient déchargez de tout hipotheque, &c. met les parties hors de Cour sans dépens.

Du 4. Décembre 1737.

* Sentence de la Jurisdiction de l'Hôtel de Ville de Paris, qui condamne Philbert Duvergne, Marchand Forain de Charbon de terre, & Barthelemy Jal, Voiturier par eau de Rouanne, chacun en cent livres d'amende, pour avoir par ledit Jal, fait faire une Lettre de voiture de deux Sapines chargées dudit Charbon, appartenant audit Duvergne, le nom du Marchand en blanc, & par ledit Duvergne, avoir adopté ladite Lettre de voiture, & donné une Procuration au nommé Bouge, à l'effet d'en faire la vente; confisque lesdits Bateaux & Charbon au profit de l'Hôpital Général, & leur fait deffenses de récidiver sous plus grandes peines.

Du 10. Décembre 1737.

* Déclaration du Roi, *enregistrée au Parlement le 31. Décembre 1737. en la Chambre des Comptes le 23. Janvier, & à la Cour des Aydes le 25. Février 1738.* Qui proroge pendant une année, à compter du premier Janvier 1738. la perception au profit de l'Hôpital Général de Paris, de dix sols par voye de Bois à brûler, qui sera vendu sur les Ports, Quais & Chantiers de ladite Ville, conformément aux Déclarations du Roi des 3. Janvier & 21. Décembre 1728. 20. Décembre 1729. 26. Novembre 1730. 18. Décembre 1731. 2. Décembre 1732. 22. Décembre 1733. 12. Décembre 1734. 13. Novembre 1735. & 4. Décembre 1736. ledit Droit payable moitié par le Marchand, & moitié par l'Acheteur.

Du 24. Décembre 1737.

* Arrest du Conseil, portant qu'à l'avenir il ne sera perçû aucun Droit de Massicault sur les Vins qui ne feront que traverser la Ville ou Banlieuë de Roüen, en passe-de-bout; & ordonne que ledit Droit continuera d'être perçû sur les Vins qui,

après avoir été entreposez ou exposez en vente à Roüen, sortiront de ladite Ville & Banlieuë.

Du 31. Décembre 1737.

* Arrest du Conseil, par lequel Sa Majesté, sans s'arrêter à l'opposition formée par Antoine Portier, Louis Limosin, François Fauconnet, & autres Habitans de la Ville d'Amboise, aux Arrests du Conseil des 30. Octobre 1731. & 29. Janvier 1737. ordonne que lesdits Arrests, ensemble l'Etat, annexé à celui du 30. Octobre 1731. aux réserves portées par celui du 29. Janvier 1737. seront executés selon leur forme & teneur; & que lesdits Habitans seront tenus de payer les Droits d'Entrées de tous les Vins qu'ils feront entrer dans les lieux appellés les Noirets, Ruë, Chevre, & l'Isle couvert, & qu'ils souffriront les Inventaires des Commis aux Aydes.

Du 7. Janvier 1738.

* Déclaration du Roi, qui ordonne que le doublement des Droits de Domaine & Barrage & Poids-le-Roy de Paris, le Droit d'augmentation ou rehaussement du Sel qui se consomme & distribuë dans l'intérieur de la Province de Franche-Comté; les Droits de Courtiers - Jaugeurs, ceux des Inspecteurs aux Boucheries & aux Boissons & deux sols pour livre d'iceux, & les Droits manuels sur les Sels, continueront d'être levés & perçus jusqu'au dernier Septembre 1744. ensemble les anciens & nouveaux deux sols pour livre des Droits des Fermes qui y sont sujets, jusqu'audit jour, pour les parties des Fermes, dont l'année finit audit jour, & jusqu'au dernier Décembre de ladite année, pour la Ferme des Domaines, Controlle des Actes des Notaires & sous signatures privées, Petits sceaux, Insinuations, Centiéme denier, Greffes, Formules dans les Provinces où les Aydes n'ont point cours & autres Droits joints à la Ferme des Domaines qui y sont sujets; le tout conformément aux Edits & Déclarations, qui ont établi & prorogé tous lesdits Droits; proroge aussi la levée & perception des

Droits reservés dans les Cours, Chancelleries, Présidiaux, Bailliages & autres Siéges & Jurisdictions, jusqu'audit jour dernier Décembre 1744. à l'exception de ceux éteints & supprimés par la Déclaration du 3. Aoust 1732. & à la réduction aux trois quarts & moitié, & conditions y portées.

Registrée aux Parlement, Chambre des Comptes & Cour des Aydes de Paris, les 14. & 30. Janvier, & 12. Mars 1738.

Au Parlement de Toulouse le premier Avril, à celui de Grenoble le 27. Mars, à celui de Bordeaux le , à celui de Dijon le 26. Mars, à celui de Rouen le , à celui d'Aix le à celui de Pau le 27. Mars, à celui de Rennes le 24. Mars, à celui de Metz le 13. Mars, à celui de Besançon le 20. Mars, à celui de Flandres le 14. Mars, à la Chambre des Comptes de Grenoble le , à la Cour des Aydes de Rouen les 13. & 14. Mars, à celle d'Aix le 23. Avril, à celle de Dole le 10. Mars, à celle de Montpellier le 22. Mars, à celle de Bordeaux le 22. Mars, à celle de Clermont Ferrand le , à celle de Montauban le , au Conseil Supérieur de Colmar le 14. Mars, & à celui de Roussillon le 15. Mars 1738.

Du 7. Janvier 1738.

* Arrest du Conseil, qui subroge François Bocquillon, au lieu & place d'Henri Rozot; & en conséquence ordonne que la régie & exploitation de la Sous-Ferme des Aydes & Droits y joints de la Généralité de Roüen, sera faite & continuée sous celui dudit Bocquillon; qu'il signera les expéditions nécessaires à la régie, comme auroit pû faire Rozot; valide, ce qui a été fait sous son nom, & que les instances commencées seront reprises & continuées sous le nom dudit Bocquillon, &c.

Du 7. Janvier 1738.

* Arrest du Conseil, qui ordonne que la Communauté des Conseillers du Roi, Inspecteurs sur les Vins, ne fera que deux millions six cens quatre-vingt mille livres d'emprunts; & surseoit les vingt-un millions restans pour parfaire les vingt-trois millions

millions six cens quatre-vingt mille livres, fixez par la Déclaration du 10. Mai 1735.

Du 14. Janvier 1738.

* Lettres Patentes, sur le Réglement du même jour, pour la Fabrique, Visite, Marque & Aunage des différentes sortes de Toiles, Canevats & Coutils qui se font dans la Généralité d'Alençon. *Registrées en Parlement le 31. Mars 1738.* contenant 103. articles, dont les XCI. & XCVII. dispensent de la formalité du Timbre, les Registres qui doivent être tenus par les Auneurs & les Curandiers ou Blanchisseurs; & le CII. ordonne que les Procès-verbaux de nomination des Gardes-Jurés, & les expeditions qui pourront en être faites, seront aussi exempts d'être mis en papier timbré, ainsi que du Droit de Controlle, ni à aucune sorte de Droits, de quelque nature qu'ils puissent être.

Du 21. Janvier 1738.

Arrest du Conseil, qui nomme Messieurs Fagon, Conseiller d'Estat ordinaire & au Conseil Royal, Intendant des Finances, de Baudry, de la Houssaye, Trudaine, & Orry de Fulvy, Conseillers d'Estat, Intendans des Finances, pour en leur présence, au nombre de trois au moins, être procedé aux Publications, Adjudications des Sous-Fermes des Droits qui font partie de ceux adjugez à Jacques Forceville & à ses Cautions, par résultat du Conseil du 17. Novembre 1737.

Du 21. Janvier 1738.

* Arrest du Conseil, qui ordonne l'exécution de la Déclaration du 6. Aoust 1715. des Arrests des 21. Avril & 22. Mai 1722. & autres réglemens; & condamne les nommés Hevrard & Michaut, Marchands de Vin, en la confiscation de trente muids de Vin, vendus en fraude des Droits de revente, faisant partie de ceux ci-devant attribuez aux Vendeurs de Vin à Paris, & dont joüit la Communauté des Inspecteurs Géné-

raux sur les Vins, & en l'amende de trois cens livre.

Du 5. Février 1738.

* Arrest de la Cour des Aydes, confirmatif d'une Sentence de la Jurisdiction des Traittes de Joinville, du 7. Juin 1736. qui, conformément à l'article VII. du titre IX. de l'Ordonnance de 1687. & à l'Arrest du Conseil & Lettres Patentes des 4. & 14. Août 1722. confisque sur Jean-Baptiste Coroy, Marchand, demeurant à Pré sur la Fauche, onze Muids & deux Feuillettes de Vin, faisant partie de plus grande quantité, emmagasinés & entreposés chez lui, dans les quatre lieuës proche des frontieres de la Ferme, au-delà de son Usage & consommation, & le condamne en vingt-cinq livres d'amende & aux dépens.

Du 7. Février 1738.

* Ordonnance de M. l'Intendant de la Généralité de Paris; qui ordonne, conformément à l'Arrest du Conseil du 31. Janvier 1736. que le Droit de sol pour livre, tenant lieu de la Taille, sera perçû sur les Fermages de toutes les Terres situées sur le Territoire de la Ville de Pontoise, soit qu'elles soient tenuës par des Habitans de ladite Ville ou autres.

Du 14. Février 1738.

* Arrest de la Cour des Aydes, confirmatif d'une Sentence des Elus de Paris du 20 Mai 1737. qui confisque huit Ballots de Toile entreposés chez Louis le Grand, Hôtellier à Montreuil près Versailles, & le condamne en 100 liv. d'amende & aux dépens.

Condamne la veuve & héritiers Chemin, Jacques Duclos; & Denis Bignon, Marchands demeurans à Versailles, Parties intervenantes, qui avoient reclamé lesdits huit Ballots de Toiles, à acquiter, garantir & indemniser ledit le Grand de la condamnation contre lui prononcée, tant en principal qu'amende & dépens.

Du 25. Février 1738.

* Arrest du Conseil, qui déboute les Officiers Contrôleurs-Essayeurs de l'Etain, des demandes par eux formées contre la Communauté des Maîtres & Marchands Pottiers d'Etain de la Ville & Fauxbourgs de Paris, tendantes à assujettir ladite Communauté à la tenuë d'un Registre, & d'y enregistrer jour par jour la vieille Vaisselle d'Etain, qu'ils acheteront ou qui leur sera apportée pour racommoder & de la faire remarquer du Poinçon de la Marque, & d'en payer les Droits; ordonne l'exécution de l'Edit du mois de Juin 1730. portant création desdits Offices de Contrôleurs-Essayeurs d'Etain; ensemble de l'Arrest du Parlement du 23. Juin 1736. & condamne lesdits Officiers au coût dudit Arrest.

Du 4. Mars 1738.

* Arrest Contradictoire du Conseil, confirmatif d'une Ordonnance renduë par M. l'Intendant de Soissons le 31. Août 1737. par laquelle les Habitans des Hameaux de Sanchery, Ruver, le Pont, & Monvisel, dépendans du Bourg de Charly, Election de Soissons, ont été condamnés à payer les Droits d'anciens & nouveaux cinq sols, & Inspecteurs aux Entrées des Vins, provenans des Vendanges qu'ils ont recueillies sur le Territoire de Charly, sujet ausdits Droits, & qu'ils ont conduites, cuvées & pressoirées dans leurs maisons situées dans lesdits Hameaux, exempts desdits Droits; leur fait deffenses de transporter à l'avenir dans lesdits Hameaux les Vendanges qu'ils recüeilleront sur le Territoire de Charly, sans au préalable en avoir fait leur déclaration au Bureau du Fermier des Aydes, avec soumission de payer lesdits Droits après la S. Martin d'hyver, à peine de confiscation & de trois cens livres d'amende; & pour y avoir contrevenu, a condamné plusieurs Habitans desdits Hameaux en la confiscation des Vins saisis par les Procès-Verbaux des Commis, chacun en trois cens livres d'amende, & aux dépens.

Du 11. Mars 1738.

Arrest du Conseil, portant qu'en payant annuellement par M. le Duc d'Orleans à Jacques Forceville, Adjudicataire des Fermes générales, pendant les six années de son Bail, la somme de vingt-neuf mille trois cens trente-trois livres six sols huit deniers, il jouira des Droits de Courtiers-Jaugeurs & Inspecteurs aux Boissons dans les Elections d'Orleans & Pithiviers, & des Droits d'Inspecteurs aux Boucheries dans toutes les Villes & lieux de son appanage.

Du 11. Mars 1738.

* Sentence des Prévôt des Marchands & Echevins de la Jurisdiction de l'Hôtel de Ville de Paris, qui condamne solidairement Robert & Estienne Belland, pere & fils, Voituriers par eau, de Roüen à Paris, de payer à Robert Durand, Proprietaire de l'Office de Contrôleur Clerc-d'Eau des Batteaux chargés de Marchandises montans & descendans dans le Détroit, devant & derriere l'Isle de S. Denis en France, la somme de dix-huit livres sept sols six deniers pour ses Droits de sept Batteaux chargés d'Huitres & de Futailles, que lesdits Belland ont fait passer devant ladite Isle, ausquels il est enjoint & à tous autres de faire des déclarations au Bureau dudit Durand, & de lui payer, lors de leur passage, deux livres douze sols six deniers pour ses Droits sur chacun Batteau chargé de différentes Marchandises, ou d'une seule sorte, sujettes aux Droits de Péage; & quinze sols seulement pour ceux chargés de Marchandises exemptes desdits Droits de Péage, sous les peines portées par l'Arrest du 29. Aoust 1682.

Du 18. Mars 1738.

* Déclaration du Roi, *registrée en la Cour des Aydes le 29. Mars* 1738. renduë à l'occasion des Commis employez par les Trésoriers Généraux de l'Extraordinaire des Guerres, par laquelle en interprétant l'Edit du mois d'Aoust 1669. concernant

le Privilege du Roi sur les biens de ses Fermiers & autres comptables, déclare avoir entendu comprendre dans le Privilege qu'il s'est réservé pour ses deniers, non-seulement tous les Offices comptables en titre, mais encore tous ceux qui en auroient le maniement à quelque titre que ce soit, & que ceux des Officiers comptables, qui par l'étenduë des fonctions de leurs Charges sont obligez d'avoir des Commis dans les Provinces, ausquels ils confient les deniers Royaux, ayent sur les biens de leurs Commis pour le recouvrement des deniers qu'ils leur auront confié le même privilege, droits & actions que le Roi s'est réservé sur lesdits Comptables par ledit Edit de *1669*. voulant qu'ils puissent les exercer sur les biens meubles & immeubles de leursdits Commis, ainsi & de la même maniere qu'il est établi par toutes les dispositions dudit Edit, comme étant lesdits Comptables subrogez au Roi dans le maniement de ses deniers, & qu'en cas de contestations elles soient jugées, conformément audit Edit de *1669*.

Du 19. *Mars* 1738.

* Sentence de la Jurisdiction de l'Hôtel de Ville de Paris ; qui condamne Pierre Berger, Marchand de Vin à Orleans, & Pierre Castannet, aussi Marchand de Vin à Paris, chacun en cent livres d'amende, pour avoir, par ledit Berger, vendu, & par ledit Castannet acheté des Vins sur l'Etape de cette Ville.

Du 26. *Mars* 1738.

* Sentence de la Jurisdiction de l'Hôtel de Ville de Paris, qui condamne les nommés Guillaume Boujat, Marchand de Vin de Vermanton, Guillaume Boujat, Marchand de Vin à Paris, Perouse, Marchand de Vin de Condrieux, Hubert, Marchand de Vin de Mâcon, Prévost & Louat, aussi Marchands de Vin à Paris, chacun en trois cens livres d'amende, pour avoir laissé des Vins leur appartenans sur le Port, hors Tournelle, au lieu de les enlever & de les entrer dans la Halle au Vin ; & qui enjoint à tous Marchands de Vin Forains,

ayant des Vins, ou qui en feront arriver, de les faire entrer en ladite Halle à l'instant qu'ils auront été mis à Port.

Du premier Avril 1738.

* Arrest du Conseil, qui continuë pendant les six années du Bail de Jacques Forceville, Adjudicataire des Fermes générales unies, les Abonnemens faits pour celui de Nicolas Desboves, avec différentes Provinces & Généralités, Villes & Pays du Royaume, pour y tenir lieu des Droits de Courtiers-Jaugeurs & Inspecteurs aux Boucheries & des Boissons.

Du 15. *Avril.* 1738.

* Arrest du Conseil, portant que les Toiles qui seront fabriquées dans les Villages de Thuillieres, Montureux-le-Sec, & Valleroy-le-Sec, seront marquées sur le Métier par les Commis à ce préposés, & faute de cette marque, qu'elles seront réputées étrangeres, & ne pourront être introduites dans le Royaume, à peine de confiscation & de trois cens livres d'amende; que la consommation du Vin sera fixée pour les Habitans desdits Villages, à six muids par an pour chaque Laboureur & Marchand, & à trois muids pour chaque Manouvrier, à peine de confiscation de l'excedent, & de trois cens livres d'amende contre chaque contrevenant. Deffend sous les mêmes peines aux Manouvriers de prendre la qualité de Laboureurs ou Marchands, & de faire venir sous ces titres, ou tel autre que ce soit, plus de trois muids de Vin pour leur provision d'une année, à la charge par lesdits Laboureurs, Marchands & Manouvriers, de n'en point abuser, ni faire passer furtivement & en fraude à l'Etranger celui qu'ils n'auront point consommé; à l'effet de quoi ils seront tenus, conformément à l'Article IV. du titre des Droits de sortie des Vins de l'Ordonnance de 1681. de faire des déclarations du Vin de leur consommation, de souffrir sur les futailles la marque des Employez de la Ferme, & de les représenter au lieu de la destination par eux déclarée pendant trois mois, à compter du jour de leur

arrivée, toutes les fois que lesdits Employez & Gardes feront leurs visites, sous les peines y portées.

Du 15. Avril 1738.

* Arrest du Conseil, qui fixe la consommation du Vin pour les Habitans de Passavant, côte de Voge, Vogecourt, & autres Paroisses enclavées dans la Lorraine & le Comté de Bourgogne, à six muids par an pour chaque Laboureur & Marchand de Bois, & à trois muids aussi par an pour chaque Manouvrier, à peine de confiscation des quantités excédentes, & de trois cens livres d'amende; deffend sous les mêmes peines à tous Manouvriers de prendre la qualité de Laboureurs ou Marchands, & de faire venir sous ce titre, ou tel autre que ce soit, plus de trois muids de Vin par an pour leur consommation, à la charge toutes fois par lesdits Laboureurs, Marchands, ou Manouvriers de n'en point abuser, ni faire passer furtivement & en fraude à l'Etranger ce qu'ils n'auront pas consommé; à l'effet de quoi ils seront tenus, conformément à l'Article IV. du titre des Droits de sortie des Vins, de l'Ordonnance de 1681. de faire des déclarations du Vin de leur consommation, de souffrir sur les futailles la marque des Commis de la Ferme, & de les représenter au lieu de la destination par eux déclarez, pendant trois mois à compter du jour de leur arrivée, toutes les fois que lesdits Commis & Gardes feront leurs visites, sous les peines y portées.

Du 15. Avril 1738.

Arrest Contradictoire du Conseil, portant que le Droit de sol pour livre, & augmentation porté par l'Article premier du titre de ce Droit de l'Ordonnance de 1680. sera perçû aux Entrées de la Ville de Coulommiers en Brie, sur les Ecorces de bois qui y entreront pour être converties en Tan, & même sur le Tan battu, lequel Droit demeurera fixé à quarante sols quatre deniers par chacun cent de bottes de trois pieds de haut, sur trois pieds de tour, & sur les autres quantitez à proportion, & à deux sols par chacune somme de Cheval du Tan battu, à raison de cinq bottes d'Ecorce pour chaque somme, & à proportion sur les autres quantitez, avec les quatre sols pour livre desdits Droits, pendant qu'ils auront cours; enjoint aux Tanneurs de faire déclaration de l'Ecorce qui arrivera pour eux dans ladite Ville & Faubourgs, dont ils payeront le Droit dû pour lesdites Ecorces en arrivant, au moyen de quoi ils ne payeront le Droit sur le Tan qu'à proportion de la quantité qui entrera pour leur compte dans ladite Ville & Fauxbourgs, & qui excedera celle de l'Ecorce dont ils auront fait leur déclaration, sur le pied de l'évaluation ci-dessus réglée par somme de Cheval.

Du 22. Avril 1738.

Arrest du Conseil, qui déboute les Syndics, Habitans, & Communauté du Bourg d'Availles en Basse-Marche, Election de Conflans, Généralité de Poitiers, de leur opposition à l'Arrest du 24. Décembre 1737. par lequel, sans avoir égard aux appels interjettez à la Cour des Aydes, de deux Ordonnances de M. l'Intendant, des 4. & 12. Novembre précédent, il a été ordonné, conformément à l'Edit du mois d'Octobre 1705. & aux Arrests des 22. Décembre 1716. & 28. Mai 1726. que les Inventaires des Vins seront faits dans l'étenduë dudit Bourg d'Availles, chez tous les Particuliers & Habitans dudit lieu, suivant & ainsi qu'il est accoutumé, & les Droits d'Inspecteurs aux Boissons payez par lesdits Particuliers & Habitans, & le Curé, Vicaires, & lesdits Habitans, condamnez solidairement en trois mille livres d'amende, & ce nonobstant la prétention desdits Curés, Vicaires & Habitans, qui soutenoient 1°. que le Bourg d'Availles étant situé en Basse-Marche, Pays rédimé des Droits d'Aydes, & autres y joints, ils devoient être exempts de ceux d'Inspecteurs aux Boissons, & par conséquent non sujets aux Inventaires, & qu'en supposant que ces Droits dûssent avoir lieu en Basse-Marche, le lieu d'Availles n'étant qu'un Bourg non muré, ni fermé, il ne pouvoit y être assujetti. 2°. Que les Commis avoient refusé de communiquer les Réglemens qui établissent les Droits en question. 3°. Qu'en supposant que les Inventaires dûssent être soufferts, & les Droits payez, les demi-Vins ou Boissons devoient être exempts

exempts de la formalité de l'Inventaire & du Droit. 4°. Que sur le refus que faisoient lesdits Habitans de souffrir les Inventaires de leurs Vins, le Fermier devoit se pourvoir à la Cour des Aydes sur l'appel qu'ils y avoient interjetté des Ordonnances de M. l'Intendant.

Du 29. Avril 1738.

* Déclaration du Roi, qui fixe la Jurisprudence, & régle les formalitez à observer pour les oppositions au titre des Offices, *publiée au Sceau le 9. May 1738. & registrée ès Registres de l'Audience de France*, contenant vingt-sept articles.

Du 29. Avril 1738.

* Arrest du Conseil, qui ordonne l'exécution de celui du 13. Février 1731. par lequel les Particuliers, gens du commun des Villes & lieux où les Aydes ont cours, ont été assujettis aux Droits de détail comme les Cabaretiers, sur les Vins & autres Boissons qu'ils consommeront au-delà de ce qui est nécessaire pour leur provision, eu égard à leur état, condition, famille, & imposition à la Taille ou Capitation : & attribuë à Mrs les Intendans la connoissance des contestations qui pourront naître à ce sujet.

May 1738.

* Edit du Roy. *Registré en Parlement le 12. Aoust 1738.* portant suppression de tous les Offices de Controlleurs Clercs-d'Eau, établis sur les Rivieres en conséquence des Edits des mois de Novembre 1572. Janvier 1648. & Décembre 1652. & autres Edits rendus antérieurement ou posterieurement, & réunit au Domaine les Droits à eux attribuez, pour être perçus conformément à la réduction portée par la Déclaration du 9. Aoust 1660. consistant en trente-cinq sols par Bateau, venant du Pays d'Aval, & vingt-six sols trois deniers aussi par Bateau venant d'Amont.

Du 9. *May* 1738.

* Réglement de Police du Bailliage de Versailles, qui deffend aux Journaliers & Porteurs de Grains à la vente sur le Port de Marly, d'exiger à l'avenir pour leurs salaires, plus de deux sols par septier d'Avoine, Bled & autres Grains que ce soit, revenant à vingt-quatre sols du muid, & ainsi à proportion pour les mesures au-dessous du septier.

Du 13. *May* 1738.

* Arrest du Conseil, & Lettres Patentes *registrées en la Cour des Aydes le 4. Juillet suivant*, portant que les Vignerons & Proprietaires de Vins, qui en feront la vente en détail hors de leur domicile, & qui voudront jouir de la décharge du Droit de Gros au lieu du Cru, accordée par l'article XIII. du Titre IV. de l'Ordonnance des Aydes, seront tenus d'en faire la vente par eux, leurs femmes, enfans ou domestiques, ou par des personnes qu'ils y commettront, autres que les Trafiquans en Vin, & les personnes à qui appartiendront, ou qui seront demeurantes dans les maisons & lieux où se fera la vente.

Du 23. *May* 1738.

* Ordonnance de Police, portant qu'à l'avenir tous Marchands Forains de Volaille & Gibier leurs Voituriers, & autres, seront tenus de faire écrire en toutes lettres, & non en chiffres, sur leurs Lettres de Voitures, Factures, Mémoires & Passavans, le nombre & la quantité de Gibier ou de Volaille qu'ils ameneront ou feront entrer dans la Ville de Paris. Confisque vingt Perdrix saisies sur la veuve le Monnier, Marchande Foraine, au profit des Officiers de la Volaille, & la condamne en l'amende, en dix livres de dommages intérêts envers lesdits Officiers, & aux dépens.

Du 27. May 1738.

Arrest du Conseil, qui déboute les Habitans de la Paroisse d'Eclsuelles, Election de Verneüil, Généralité d'Alençon, de leur demande en cassation de celui de la Cour des Aydes de Paris, du 30. Mai 1736. par lequel en infirmant deux Sentences de l'Election de Dreux, a prononcé la confiscation des Vendanges enlevées par plusieurs Habitans de ladite Paroisse, & condamné lesdits Habitans chacun en vingt-cinq livres d'amende, faute d'avoir fait déclaration avant l'enlévement, & payé les Droits d'augmentation, jauge & courtage sur lesdites Vendanges, sortant de la Paroisse de Cherpon, lieu sujet ausdits Droits, & conduites dans celle d'Eclusèlles qui en est exempte.

Du 10. Juin 1738.

Arrest du Conseil, qui ordonne que la somme de soixante-neuf mille huit cens vingt-six livres dix-neuf sols dûe à Nicolas Desboves, Adjudicataire des Fermes génerales unies, par la Province de Flandre, en ce qui compose actuellement l'Intendance de Lille, sur le montant de l'abonnement, tenant lieu des Droits de Courtiers - Jaugeurs & Inspecteurs des Boucheries & aux Boissons, & deux sols pour livre d'iceux, sera imposée par égale portion pendant les années 1739, 1740. & 1741. sçavoir; quinze mille livres sur les Villes & Territoires de Lille, Doüay & Orchies; quatre mille deux cens soixante-quinze livres treize sols sur les Villes de Cambray, Bouchain, Saint Amand & Pecquencourt; & quatre mille livres sur la Flandre Maritime, outre & par-dessus l'imposition qui doit être faite au profit de Jacques Forceville, aussi Adjudicataire des Fermes génerales unies, en exécution de l'Arrest du premier Avril 1738. & sera ladite somme de vingt-trois mille deux cens soixante-quinze livres treize sols, pour chacune desdites trois années, payée audit Desboves, ses Procureurs & Commis.

Du 10. *Juin* 1738.

Arrest du Conseil, qui ordonne que la somme de trente-huit mille cent soixante-treize livres un sol, dûë par la Province de Haynault à Nicolas Desboves, Adjudicataire des Fermes generales unies, sur le montant de l'abonnement, tenant lieu des Droits de Courtiers - Jaugeurs & Inspecteurs des Boucheries & aux Boissons, & deux sols pour livre d'iceux, sera imposée par égale portion pendant les années 1739, 1740. & 1741. à raison de douze mille sept cens vingt-quatre livres sept sols, par chacune desdites trois années, sur les Villes de Valenciennes, Prévosté - le - Comte, & autres Lieux qui composent actuellement l'Intendance de Valenciennes, outre & par-dessus l'imposition qui doit être faite au profit de Jacques Forceville, aussi Adjudicataire des Fermes generales unies, en exécution de l'Arrest du premier Avril 1738. & sera ladite somme de douze mille sept cens vingt-quatre livres sept sols pour chacune desdites trois années, payée audit Desboves, ses Procureurs & Commis.

Du 10. *Juin* 1738.

Arrest du Conseil, qui ordonne que la somme de cent vingt-deux mille neuf cens vingt-huit livres sept sols six deniers, qui reste dûë à Nicolas Desboves, Adjudicataire des Fermes generales, sur le montant de l'abonnement fixé par l'Arrest du 23. Septembre 1732. pour tenir lieu des Droits de Courtiers-Jaugeurs & Inspecteurs des Boucheries & aux Boissons, & deux sols pour livre d'iceux, dans la Generalité d'Auch, sera imposée en la maniere accoutumée, sur ladite Généralité, en six années par égale portion, à commencer de l'année 1739. à raison de vingt mille quatre cens quatre-vingt-huit livres un sol trois deniers par an, outre & par-dessus l'imposition qui doit être faite au profit de Jacques Forceville, en exécution de l'Arrest du premier Avril 1738. pour raison de l'abonnement réglé à soixante-un mille quatre cens soixante-quatre livres trois sols neuf deniers.

Du 10. *Juin* 1738.

Arrest du Conseil, qui ordonne que la somme de vingt-trois mille livres, à laquelle monte l'abonnement d'une année, fixé par l'Arrest du 23. Septembre 1732. pour tenir lieu des Droits de Courtiers-Jaugeurs & Inspecteurs des Boucheries & aux Boissons, & deux sols pour livre d'iceux, dans l'Election de Marennes & Isle d'Oléron, dûë à Nicolas Desboves, Adjudicataire des Fermes génerales unies, sera imposée en la maniere accoutumée, pendant les années 1739. 1740. & 1741. à raison de sept mille six cens soixante-six livres treize sols quatre deniers par an, sur l'Election de Marennes & Isle d'Oléron; sçavoir, sept mille trois cens trente-trois livres six sols huit deniers sur Marennes, & trois cens trente-trois livres six sols huit deniers sur Oléron, outre & par-dessus l'imposition qui doit être faite annuellement de la même somme de vingt-trois mille livres, au profit de Forceville, Adjudicataire des Fermes, en exécution de l'Arrest du premier Avril 1738. pour le même abonnement pendant son Bail, & que ladite somme de sept mille six cens soixante-six livres treize sols quatre deniers pour chacune desdites trois années, sera payée audit Desboves, ses Procureurs & Commis.

Du 11. *Juin* 1738.

* Sentence de la Jurisdiction de l'Hôtel de Ville de Paris, qui ordonne qu'à l'avenir Nicolas Levasseur, Maître des Ponts de Château-Thierry, ne pourra recevoir plus grand Droit, que cinquante sols par chacun trait, composé de vingt-cinq Bateaux au plus, quoique monté à différentes fois; lui enjoint de faire ses fonctions, lâcher la Corde, & de prendre les Bateaux à la Garre, au-dessus dudit Pont, à peine d'interdiction, même pour la premiere fois.

Du 28. *Juin* 1738.

* Réglement du Conseil, concernant les procédures qui

doivent y être obſervées. *Diſtribué en deux parties, dont la premiere contient dix titres, & la ſeconde dix-ſept.*

Du 28. Juin 1738.

* Réglement, concernant la procédure que le Roi veut être obſervée pour l'inſtruction des affaires renvoyées devant des Commiſſaires nommez par Arreſts de ſon Conſeil, *contenant dix-huit Articles.*

Du premier Juillet 1738.

* Arreſt du Conſeil, pour la priſe de poſſeſſion du Bail des Fermes générales unies, ſous le nom de Jacques Forceville, pendant ſix années, à commencer du 1er. Octobre 1738. pour les grandes & petites Gabelles, Droits manuels ſur les Sels, Gabelles des trois Evêchez, Domaines & Gabelles de Franche Comté, & Droit de rehauſſement ſur le Sel dans ladite Province, Cinq groſſes Fermes, Droits ſur les Huiles & Savons, Aydes, Entrées de Paris, Impôts & Billots & Formules de Bretagne; marque d'or & d'argent, marque des fers, formules dans les Pays où les Aydes ont cours, Domaine, Barrage & Poids-le-Roi aux Entrées de Paris, Jauge & Courtage, Courtiers-Jaugeurs, Inſpecteurs aux Boucheries & Boiſſons, droits ſur les Suifs à Paris, & pour la Ferme du Tabac: & au premier Janvier 1739. pour les Domaines de France, Contrôle des Exploits, Domaines de Flandres, Haynault, Artois, Alſace, Principauté d'Orange, & Duché de Châteauroux, Contrôle des Actes, Sceaux & inſinuations Laïques, Greffes, Amortiſſemens, Franc-Fiefs, Formules dans les Provinces où les Aydes n'ont point cours, nouvelle Formule des Notaires de Paris, Droits réſervez dans les Cours & Juriſdictions du Royaume, Gages intermediaires, Domaine d'Occident en France, Droits caſuels réunis au Domaine, & autres Droits compris au Bail dudit Forceville, deux & quatre ſols pour livres de ceux de tous leſdits droits qui y ſont ſujets.

Permet audit Forceville & à ſes Sous-Fermiers de ſe ſervir des Timbres actuellement en uſage.

Diſpenſe les Employez qui ont prêté ſerment pendant les

précédens Baux & Sous-Fermes, de le prêter de nouveau; leur permet de verbaliser dans le ressort des Jurisdictions où ils pourront se trouver; deffend aux Juges d'annuller leurs Procès verbaux, sous prétexte que leurs noms ne se trouveroient point inscrits dans un Tableau déposé au Greffe de leur Jurisdiction.

Permet audit Forceville & à ses Sous-Fermiers, d'entretenir ou de résilier les Baux à loyer des maisons & greniers; ensemble les abonnemens, traitez & marchez qui peuvent avoir été ci-devant faits par les précédens Fermiers & Sous-Fermiers de partie desdites Fermes & Droits.

Régle les Droits d'enregistrement du présent Arrest, & ceux de réception & prestation de serment des Employez; & ordonne que les Réglemens rendus au profit des précédens Fermiers seront exécutez en faveur dudit Forceville & de ses Sous-Fermiers, comme s'ils avoient été rendus sous leurs noms.

Du premier Juillet 1738.

* Arrest Contradictoire du Conseil, qui condamne les Ecclésiastiques du Clergé Séculier de la Ville de Caën, à payer les Droits d'octroys, suivant & conformément aux dispositions, tant de l'Arrest du Conseil du 8. Janvier 1665. & de celui du 8. Janvier 1718. que de celui du premier Aoust 1719. & des Lettres Patentes expédiées sur icelui le 7. Décembre audit an; les condamne pareillement à payer comme par le passé les Droits d'Aydes sur les Boissons d'achat & sur celles qui proviennent de leurs Titres Sacerdotaux, suivant & conformément à l'Ordonnance de 1680. & à l'Arrest du Conseil du 9. Février 1715. aux exceptions portées, tant par l'article XIV. du Titre IV. des anciens & nouveaux, cinq sols de ladite Ordonnance pour les Vendanges & le Vin de leurs Bénéfices, & par l'article VIII. du Titre XXIV. du Droit de subvention pour les Boissons du cru de leurs Bénéfices, que par la Déclaration du 10. Octobre 1689. portant rétablissement du Droit de Jauge & Courtage; & en outre que lesdits Ecclésiastiques du Clergé de la Ville & Fauxbourgs de Caën, seront tenus de se conformer sur le fait des Gabelles aux dispositions de l'Ordonnance de 1680. à la

Déclaration du 21. Octobre 1710. & à l'Arrest du Conseil du 25. Juillet 1719. & Lettres Patentes expédiées sur icelui le premier Aoust suivant, & sous les peines y portées.

Du premier Juillet 1738.

* Arrest du Conseil, qui casse & annulle une Sentence de l'Election de Perronne, du 29. May 1738. par laquelle ils avoient condamné un Controlleur, un Sous-Controlleur & quatre Commis Ambulans des Aydes de la Géneralité d'Amiens, à être blâmés, sous le faux prétexte qu'ils n'avoient pas observé les Ordonnances, dans la confection d'un Procès-verbal inscrit de faux, & en chacun soixante livres d'amende envers le Roy ; déclare ladite Sentence attentatoire à l'autorité du Roy, en ce qu'elle a été rendue nonobstant un Arrest du Conseil du 25. Mars précédent, qui avoit commis Mr. l'Intendant d'Amiens pour juger le Procès ; renvoye lesdits Commis dans les fonctions de leurs Employs, & ordonne que lesdites amendes, ensemble les épices exigées du Fermier par les Juges & Procureur du Roy, lui seront renduës, & l'amende de soixante livres consignée par le nommé Quatrelivres, pour être reçu à s'inscrire en faux contre le Procès-verbal desdits Commis, restituée au Receveur des amendes, au moyen de la Transaction passée entre le Fermier & ledit Quatrelivres, dans le cours de l'Instance.

Du 5. Juillet 1738.

* Sentence de la Jurisdiction de l'Hôtel de Ville de Paris, qui condamne Pierre Greban, Marchand de Grains, & Edme Lizet, Voiturier par Eau, chacun en cent livres d'amende, pour avoir fait décharger du Bled sans avoir fait déclaration & exhibé la Lettre de voiture au Bureau des Officiers Mesureurs de Grains, à l'instant de l'arrivée & avant la décharge ; défend ausdits Officiers Mesureurs, de laisser ouvrir aucuns Bateaux pour la décharge des Grains, & d'en faire le mesurage, sans qu'il leur ait apparu de la déclaration & de l'exhibition des Lettres de voitures aux Officiers Porteurs de Grains; &

& aufdits Porteurs de faire ou fouffrir la décharge, fans qu'il leur ait pareillement apparu de femblables déclaration & exhibition aufdits Mefureurs, à peine contre lefdits Officiers, Mefureurs & Porteurs, d'interdiction; défend pareillement à tous Plumets defdits Officiers Porteurs de Grains, de s'immifcer à ladite décharge avant lefdites déclarations & exhibitions, à peine d'un mois de prifon & d'interdiction; enjoint à tous Marchands de Grains & Voituriers par Eau, de faire lefdites déclarations & exhibitions aufdits Officiers, Mefureurs & Porteurs, & aux Officiers Metteurs à Port, à l'inftant de l'arrivée defdites Marchandifes, à peine de cinq cens livres d'amende, & de confifcation des Marchandifes & Bateaux; & aufdits Officiers, Mefureurs & Porteurs de fe trouver en leurs Bureaux, fur les Ports & Bateaux aux heures prefcrites par les Ordonnances & Réglemens, fous peine d'interdiction.

Du 16. Juillet 1738.

* Sentence de la Jurifdiction de l'Hôtel de Ville de Paris, qui condamne Antoine Lebeau Voiturier par Eau de Melun, & Jerôme Courcelle faifant fonction de Maître au Pont de Corbeil; fçavoir, ledit Lebeau en cinq cens livres d'amende, pour avoir repréfenté une Lettre de Voiture de cinq Bateaux chargés de Bois pour le Port de la Tournelle, & les avoir déclaré, quoiqu'il n'y en eût qu'un d'arrivé à la Rapée; & ledit Courcelle en cinquante livres d'amende, pour avoir vifé au paffage dudit Pont ladite Lettre de Voiture, quoiqu'il n'y en eût paffé qu'un Bateau; & confifque ledit Bateau au profit des pauvres prifonniers de l'Hôtel de Ville.

Des 26. Juillet, 13. Septembre & 11. Octobre 1738.

* Ordonnances de Police. La premiere déclare bonne & valable la faifie de quarante paires de Pigeons, fur le nommé la Marche, Maître Tailleur & fa femme, par Procès-verbal du 21. Juin 1738. ordonne la confifcation defdits Pigeons au profit des Officiers de la Volaille; défend audit Lamarche d'élever ni nourrir dans fa Maifon aucuns Pigeons, Volailles ni Gibier, mê-

me d'insulter & troubler les Commis desdits Officiers dans les fonctions de leurs Emplois, sous telles peines qui appartiendra; & pour la contravention commise par ledit Lamarche & sa femme, les condamne solidairement, outre l'amende, à la somme de 50. liv. de dommages & intérêts envers lesdits Officiers & aux dépens. La seconde, déboute ledit la Marche de son opposition à l'Ordonnance du 26. Juillet 1738. qui sera exécutée selon sa forme & teneur, & le condamne aux dépens. Et la troisiéme, le déclare non-recevable en son opposition à l'Ordonnance du 13. Septembre 1738. qui sera pareillement exécutée, avec dépens.

Du premier Aoust 1738.

* Arrest du Conseil, qui ordonne que les anciens sols, & les piéces dites de trente deniers, n'auront plus cours que pour dix-huit deniers, & les demis à proportion. Régle la quantité d'espéces de billon qui pourra entrer dans les payemens; & renouvelle les deffenses d'en exposer & recevoir de fabriques étrangeres.

Du 9. Aoust 1738.

* Ordonnance de M. Herault, Lieutenant Général de Police & Commissaire du Conseil en cette Partie, qui confisque des Moutons saisis sur le nommé Pierre Bucaille, Marchand Boucher, pour les avoir fait entrer dans Paris sans Laissez-passer du Fermier des Droits qui se perçoivent sur les Bestiaux, dans les Marchés de Sceaux & Poissy, & condamne ledit Bucaille en l'amende, aux dépens & en vingt livres de dommages intérêts.

Du 19. Aoust 1738.

Arrest du Conseil, portant que les Paroisses de Saint Martin de Peyré, & de Chambon; ensemble les Villages & Hameaux en dépendans, qui sont actuellement partie de la Province de Xaintonge reputée étrangere, seront à l'avenir reputées faire partie de celle d'Aunix dont elles sont entourées, & ce, quant aux Droits des cinq grosses Fermes seulement, ſans y comprendre les Droits de la Ferme des Aydes qui s'y percevront en la maniere accoutumée; à l'effet dequoi les Habitans deſdites Paroiſſes & dépendances, pourront librement commercer dans le Pays d'Aunix, en prenant les expeditions ordinaires aux Bureaux, comme il ſe pratique par les autres Habitans de ladite Province d'Aunix, dans les cas preſcrits par les Ordonnances des Fermes, avec faculté au Fermier de faire proceder aux Inventaires des Vins qui ſe recueilleront, tant dans leſdites deux Paroiſſes & dépendances, que dans celles des quatre lieuës limitrophes, & aux viſites néceſſaires pour en vérifier l'enlevement, conformément aux articles Ier. & IX. du titre VII. de l'Ordonnance de 1687.

Du 19. Aouſt 1738.

* Arreſt du Conſeil, qui ordonne que tous les Arriéres-Baux, & Abonnemens faits par Hubert Louvet, Fermier actuel des Droits de Marque & Controlle ſur les Ouvrages d'Or & d'Argent, ou par ſes Prédéceſſeurs, & qui n'ont pas encore été renouvellés par Robin, ſeront continués à ſon profit pendant les ſix années de ſon Bail, à commencer du premier Octobre 1738. ſur le pied qu'ils ont cours pour ledit Louvet.

Permet audit Robin de ſe ſervir des Poinçons dudit Louvet ou d'en faire faire de nouveaux, & fixe le Droit d'inſculpation des nouveaux Poinçons, & les Droits d'enregiſtrement du Bail, à cinquante ſols dans chacune Election, compris les droits du Greffe. Et les Droits d'enregiſtrement du Bail à cent livres dans chacune des Elections de Paris & Lyon; à vingt livres dans celles des Villes capitales de chaque Généralité, & à douze livres dans les autres Elections, en ce compris les épices, Droits de Greffe & tous autres, conformément à l'Arreſt du 5. Novembre 1726. & ſous les peines y portées.

Du 19. Aouſt 1738.

Arreſt du Conſeil, qui attribuë à Mr. l'Intendant de la Généralité de Montauban, la connoiſſance pendant trois années, des conteſtations qui interviendront ſur l'exécution de l'Arreſt du 23. Aoust 1729. servant de Réglement pour la Fabrique & la continence des Fûtailles destinées à renfermer les Vins & Eaux-de-vie qui se récueillent & façonnent dans l'Election de Cahors, &c.

Du 22. Aoust 1738.

* Arrest de la Cour des Aydes de Paris, qui ordonne que des Particuliers, Copropriétaires d'une Maison avec un Cabaretier, & y demeurans ensemble, seront tenus de souffrir les visites & exercices des Commis, dans tous les Bâtimens dépendans de ladite Maison commune, & par eux occupée, sans néanmoins payer aucuns Droits pour leur Boite; si mieux n'aiment lesdits Particuliers faire faire telle séparation, entre la partie de la Maison à eux appartenante, & celle appartenante au Cabaretier, qu'il n'y ait aucune communication de l'une à l'autre.

Nota. Par Sentence de l'Election d'Orléans du 24. Janvier 1701. dont il n'y avoit point eu d'appel, ces Particuliers avoient été renvoyés de la demande du Fermier; c'est ce qui a déterminé la Cour des Aydes à compenser les dépens.

Du 22. Aoust 1738.

* Sentence de la Jurisdiction de l'Hôtel de Ville de Paris, qui condamne le nommé Gibier, demeurant à Ablon, en cinq cens livres d'amende, pour avoir fait arriver au Port d'Ablon six muids d'Avoine & deux muids de Bled sans Lettre de voiture; déclare la saisie qui en a été faite bonne & valable, & en ordonne la confiscation au profit de l'Hôpital géneral de ladite Ville.

Du 26. Aoust 1738.

* Déclaration du Roi, qui continuë au profit de l'Hôpital Géneral, & de l'Hôpital des Enfans trouvés, la perception pendant six années, à commencer au premier Janvier 1739. du vingtiéme en sus de tous les Droits qui se levent dans la Ville & Fauxbourgs de Paris, conformément aux Déclarations des 15.

Décembre 1711. 27. Décembre 1712. 22. Décembre 1714. 2. Juillet & 14. Décembre 1715. 5. Octobre 1722. 11. Décembre 1725. 21. Décembre 1728. & 5. Mars 1732. aux exceptions seulement des Droits sur les Vins, Eaux-de-vie, Liqueurs & autres Boissons mentionnées dans lesdites Déclarations. *Registrée au Parlement le 5. Septembre 1738.*

Du 26. Aoust 1738.

* Déclaration du Roi, *registrée en la Cour des Aydes le 19. Septembre* 1738. qui continuë au profit de l'Hôpital Géneral, pendant six années, la levée de dix sols d'augmentation sur chaque muid de Vin entrant dans la Ville & Fauxbourgs de Paris, à commencer du premier Octobre 1738. ordonne que lesdits dix sols seront reçus par l'Adjudicataire des Fermes, ses Commis & Préposés, & remis au Receveur géneral de l'Hôpital, sans aucuns frais ni remise, attendu la destination à la subsistance des Pauvres, & que conformément à la Déclaration du 3. Décembre 1702. lesdits dix sols seront payés par toutes sortes de personnes exemptes ou non exemptes, privilégiées ou non privilégées, Ecclésiastiques, Gentilshommes, Officiers des Cours Souveraines, Sécretaires du Roi, Domestiques & Commensaux des Maisons Royales & autres, même sur les Vins destinés pour le Roy, les Maisons Royales, celles des Princes & Officiers de la Couronne, & des Communautés Séculieres & Régulieres, nonobstant tous Priviléges ausquels il est dérogé, sans tirer à conséqnence, attendu la destination.

Du 26. Aoust 1738.

* Déclaration du Roi, *registrée en la Cour des Aydes le 10. Septembre* 1738. qui continuë au profit de l'Hôpital géneral, pendant quatre années, à commencer du premier Janvier 1739. la levée de cinq sols pour chaque cent de Bottes de foin, arrivant & entrant en la Ville, Fauxbourgs & Banlieuë de Paris, tant par Eau que par Terre, même sur ceux qui passent debout, pour être consommés ailleurs, sans que les Ecclésiastiques, Communautés Séculieres & Régulieres, ni aucune

personne puisse en être exempte, sous prétexte de Charges, Priviléges ou autre cause, excepté le Foin des Bourgeois, provenant des Terres à eux appartenantes, & qu'ils font faire & façonner à leurs dépens, & qu'ils feront venir pour leur provision seulement : ordonne que la perception dudit Droit sera faite par l'Adjudicataire des Fermes, ses Commis & Préposés, & le produit remis sans frais au Receveur géneral de l'Hôpital.

Du 26. Aoust 1738.

* Déclaration du Roi, *registrée en la Cour des Aydes le* 10. *Septembre* 1738. qui continuë au profit de l'Hôtel-Dieu & de l'Hôpital géneral, pendant six années, à commencer du premier Octobre 1738. la levée de trente sols par muid de Vin, entrant en la Ville & Fauxbourgs de Paris, pour être perçus de la même maniere que les dix sols, dont la prorogation a été ordonnée par autre Déclaration du même jour.

Du 26. Aoust 1738.

* Arrest du Conseil, qui ordonne que l'article IX. du titre des Anciens & Nouveaux cinq Sols de l'Ordonnance des Aydes du mois de Juin 1680. & la Déclaration du 4. May 1688. seront exécutés selon leur forme & teneur; en conséquence sans s'arrêter aux Arrests de la Cour des Aydes des 17. Décembre 1737. & 2. Juillet 1738. déclare les Vins & Vendanges saisis sur les nommés Bergeron, Jean Louis, Pierre le Trosne, Edme Lainé, Edme Royer, & la Veuve & héritiers Breton, acquis & confisqués au profit du Fermier, & les condamne chacun à leur égard en trois livres d'amende pour chacun muid de Vin qu'ils ont fait enlever sans déclaration, des Paroisses sujettes & conduire en des Paroisses non sujettes; aux frais faits, tant en l'Election de Blois, qu'à la Cour des Aydes; ordonne la restitution des dépens, & que ledit Arrest sera enregistré sans frais aux Greffes des Elections de la Géneralité d'Orléans, publié & affiché par tout où besoin sera, & exécuté nonobstant opposition ou empêchement quelconques, pour lesquels ne sera differé.

Du 26. Aoust 1738.

* Arrest du Conseil, portant, qu'à commencer du premier Octobre 1738. dans les Provinces où les Aydes ont cours, & du premier Janvier 1739. dans les autres Provinces du Royaume, il ne pourra être employé d'autres Papiers & Parchemins timbrés, que de ceux des nouveaux timbres de Jacques Forceville, Adjudicataire des Fermes generales unies, & de ceux des nouveaux Sous-Fermiers; sans qu'ils soient tenus de contre-timbrer gratis, ni reprendre ou échanger les Papiers & Parchemins qui pourroient leur être rapportés.

Du 26. Aoust 1738.

* Sentence de la Jurisdiction de l'Hôtel de Ville de Paris, qui condamne François de Marine, Marchand de Grains, à payer aux Officiers Porteurs de Grains, la somme de dix-sept livres trois sols neuf deniers pour leurs Droits de dix Muids cinq septiers de Bled par lui vendus sur le Port, ensemble aux intérêts de ladite somme & aux dépens; & fait défenses à tous Marchands de Grains de payer par sacs, conformément à l'Edit du mois de Juin 1730. & au Tarif y joint.

Du 30. Aoust 1738.

* Arrest de la Cour de Parlement, qui déclare nulles les saisies faites par les Maîtres & Gardes de la Communauté des Marchands de Vin sur le sieur Bazard, un des douze Marchands de Vin Privilegiés du Roi. Et condamne lesdits Maîtres & Gardes en douze mille livres de dommages intérêts envers ledit sieur Bazard, & aux dépens.

Nota. Les saisies avoient été faites sous le faux prétexte que ledit sieur Bazard mettoit de l'Eau-de-vie ou Esprit de Vin dans les Vins qu'il achetoit, quoique le contraire ait été prouvé par les expériences qui en ont été faites de l'autorité de la Cour par les Srs Bolduc, Geoffroy, & Barbe, Apoticaires.

Du 30. Aoust 1738.

* Ordonnance de Police, portant que les deniers provenans de la vente des huit Cochons de lait mentionnez au Procès-verbal de contravention du 12. Juillet demeureront acquis & confisqués au profit des Officiers de la Volaille. Deffend à tous Marchands Forains & Rotisseurs, de simuler le prix des Marchandises qu'ils vendront & acheteront sur le Carreau de la Vallée, sous telles peines qu'il appartiendra ; & condamne solidairement & par corps, David Langlois, Maître Rotisseur, & sa femme, & Guillaume Lejeune, Marchand Forain, pour leur contravention, en l'amende portée par les Réglemens, au payement de laquelle ils seront contraints comme pour les propres Deniers & Affaires de Sa Majesté, ladite femme Langlois seulement en ses biens ; & en outre sous la même solidité en cent livres de dommages & intérêts envers lesdits Officiers, & aux dépens.

Des 2. Septembre 1738. & 28. Juillet 1739.

* Arrests du Conseil, le premier casse un Arrest de la Cour des Aydes de Roüen, du 9. Aoust 1738. par lequel la veuve Parisot & ses fils, demeurans à Thussignoles, lieu non sujet aux Entrées, avoient été déchargés avec dépens de l'amende de trois cens livres, & de la confiscation de vingt-quatre Barils d'Eau-de-vie, prononcés contre eux par Sentence Contradictoire de l'Election de Conches, du 8. Juin 1736. pour avoir, sans aucune déclaration au Bureau du Fermier, & sous prétexte que les Chevaux étoient fatiguez, reçû & placé dans un de leurs Celliers, lesdits vingt-quatre Barils qui ont été seulement réclamez par les nommés Dulong & Hubert, Parties intervenantes, sous prétexte qu'ils étoient Commissionnaires des nommés Monçuit & Gosselin, demeurans à la Paroisse du petit Couronne, pour lesquels les Eaux-de-vie étoient destinées, suivant les Congés rapportés, mais sans avoir été visez sur les Bureaux de la route.

Ordonne l'exécution de l'article IX. du Titre IX. de l'Ordonnance

donnance de 1680. & de l'article III. des Lettres Patentes du 7. Juin 1727. & en conséquence condamne la veuve Parisot & ses fils, solidairement avec lesdits Dulong & Hubert, à la confiscation, & en l'amende de trois cens livres, portées par la Sentence des Elûs de Conches, du 8. Juin 1736. & aux dépens faits tant en l'Election qu'en la Cour.

Le second déboute lesdits Dulong & Hubert, Commissionnaires d'Eau-de-vie, de leur opposition au susdit Arrest, & les condamne au coût d'icelui, liquidé à soixante-quinze livres.

Du 4. Septembre 1738.

* Arrest de la Cour des Aydes, qui infirme une Sentence des Officiers de l'Election de Saint Quentin, du 16. Avril 1738. qui avoit déclaré nulle une Assignation donnée un jour de Dimanche, par un Procès-verbal de saisie faite en Campagne, le 2. Mars audit an, de sept livres sept onces de Tabac de contrebande, & douze livres de Sel gris, sur Jean Merlier; confisque le Cheval, les Sel & Tabac saisis, & condamne ledit Merlier en mille livres d'amende & aux dépens.

Du 5. Septembre 1738.

* Arrest de la Cour des Aydes, qui ordonne, qu'en attendant l'enregistrement du Bail fait à Jacques Forceville, des Fermes génerales unies, ledit Forceville sera mis en possession des Bureaux, servans actuellement à la régie & perception des Droits dépendans desdites Fermes, avec faculté d'établir les Commis géneraux & particuliers, dont il aura besoin.

Du 7. Septembre 1738.

* Arrest du Conseil, qui ordonne que dans la Vicomté de Turenne, Terres & Pays en dépendans, les Droits de Contrôle des Actes des Notaires, & sous-si nature privée, Insinuations Laïques, Centiéme Denier, Petits-Sels, Controle des Exploits, & Saisies mobiliaires, Papiers & Parchemins timbrés, Echanges, Emolumens des Greffes, Droits réservés, Amor-

tissemens, Francs-Fiefs, & nouveaux Acquets; ensemble les deux & quatre sols pour livre de ceux desdits Droits qui y sont sujets, seront perçûs au profit de Sa Majesté, à commencer du premier Janvier 1739. de même qu'ils se perçoivent par tout le Royaume.

Du 9. Septembre 1738.

Arrest du Conseil, qui fixe à la somme de six cens cinquante-sept livres, le dédommagement dû à Magdelaine Quarante, pour raison de douze Perches un sixiéme de Terrain à elle appartenant, & qui se trouve compris dans celui employé à la construction du mur de clôture, des environs de la Barriere du Cours près Chaillot, laquelle somme de six cens cinquante-sept livres sera payée par l'Adjudicataire des Fermes, auquel il en sera tenu compte sur le prix de son Bail; & déboute ladite Magdelaine Quarante du surplus de ses demandes, tendantes à ce qu'il lui fût payé trois cens quarante-six toises de Terrain, & une somme de mille livres pour l'indemniser des prétendus dommages causez dans ses Marais par les Ouvriers employez à la construction du Mur en question.

Du 15. Septembre 1738.

* Départemens de Mrs. les Fermiers Géneraux, pour le service des Fermes Royales unies, pendant la premiere année du Bail de Me. Jacques Forceville.

Du 16. Septembre 1738.

* Bail des Fermes génerales unies, fait à Jacques Forceville pour six années, à compter du premier Octobre 1738. pour les grandes & petites Gabelles; Cinq grosses Fermes, Droits sur les Huiles & Savons, & Droits y joints, & du Privilége exclusif de la vente du Tabac; & du premier Janvier 1739. pour les Domaines de France, Controlle des Actes, petits Scels, Insinuations, Centiéme denier, Greffes, Amortisse-

mens, Francs-Fiefs, Nouveaux Acquêts & Droits y joints, & du Domaine d'Occident en France, aux prix, charges, clauses & conditions y portées, *contenant six cens deux articles.*

Du 17. Septembre 1738.

* Ordonnance de M. l'Intendant d'Amiens, qui fait deffenses aux Commis de percevoir aucuns Droits sans en donner Quittances, lesquelles seront en Papier timbré lorsque les sommes seront de cinq sols & au-dessus, & en Papier non timbré quand les sommes seront au-dessous de cinq sols.

FIN.

www.ingramcontent.com/pod-product-compliance
Ingram Content Group UK Ltd.
Pitfield, Milton Keynes, MK11 3LW, UK
UKHW022106170726
13837UKWH00003B/1088

9 782329 270098